中華射典

馬廉禎　馬明達　編撰

下編（一）

齊魯書社
·濟南·

圖書在版編目（CIP）數據

中華射典. 下編 / 馬廉禎, 馬明達編撰. -- 濟南：齊魯書社, 2022.7
（中國古代武藝珍本類編）
ISBN 978-7-5333-4576-1

Ⅰ. ①中… Ⅱ. ①馬… ②馬… Ⅲ. ①中國式射箭－文化研究 Ⅳ. ①G852.9

中國版本圖書館CIP數據核字(2022)第116042號

封面題簽：馬明達
特邀編審：鄭杰文　劉心明
責任編輯：劉　强
裝幀設計：李　生　劉羽珂

中華射典（下編）
ZHONGHUA SHEDIAN（XIABIAN）
馬廉禎 馬明達 編撰

主管單位	山東出版傳媒股份有限公司
出版發行	齊魯書社
社　　址	濟南市市中區舜耕路517號
郵　　編	250003
網　　址	www.qlss.com.cn
電子郵箱	qilupress@126.com
營銷中心	（0531）82098521　82098519　82098517
印　　刷	常州市金壇古籍印刷廠有限公司
開　　本	787mm × 1092mm　1/16
印　　張	60.75
插　　頁	7
版　　次	2022年7月第1版
印　　次	2022年7月第1次印刷
標準書號	ISBN 978-7-5333-4576-1
定　　價	1300.00圓（全兩册）

國家『十三五』（2016—2020）重點圖書出版規劃

2011—2020年國家古籍整理出版規劃

目録

射法篇

〔明〕戚繼光

射法篇

《射法篇》一卷，明戚繼光輯。唐豪《中國武藝圖籍考》著録。戚繼光《紀效新書》十八卷本第十三卷是《射法篇》，唐豪記載篇中射法共三十五條。今細檢一番當是二十五條。唐豪與筆者所列條數有差，在於唐豪將同一内容細分爲各則，實際上内容一致。《紀效新書》另有十四卷本，此本是戚繼光晚年在十八卷本基礎上重加删訂增補而成，内容較十八卷本更加簡潔充實。十四卷本中，『射法』一篇被改置於卷三的《手足篇》，内容有所調整。如，原二十五條删去最末的『凡馬』一條，剩二十四條；弓矢以外增加了《火箭解》《弩解》《耕戈解》等。唐豪《中國武藝圖籍考》所著録的是十八卷本，其云：『日人平山潜刻《紀效新書》，嘗以《正氣堂集》、王琚《射經》、《射學正宗》三書校之。查戚書第一至第十六條，出《正氣堂集》；第十七條出王琚《射經》。則其餘十八條，當出《射學正宗》。』於此可見戚繼光的《射法篇》也是一部輯録之書，并不完全是戚繼光自己的著作。但高穎《武經射學正宗》比《紀效新書》晚出，戚繼光不可能取材於《武經射學正宗》，唐豪此説有誤。高穎《武經射學正宗》内收《指迷集》，集中録《紀效新書》射法共十七段，則是高穎據《紀效新書》輯成。《射法篇》末八條來源不明，或是戚繼光個人心得，主要是强調眼力專注、步法改移、身法挺直等動作。針對勾弦手大拇指過緊這一新手常有的問題，戚繼光提出『射時用小草梢一寸，用無名指、小指共掐於手心』的調整辦法，這是至今仍然存在於日本弓道中的傳統專項訓練方式。戚繼光在選擇前人文字材料上確實顯出過人之處，這正是《紀效新書》的特點之一。除了高穎《武經射學正宗》，王鳴鶴《登壇必究》、茅元儀《武備志·陣練制》、程道生《射法啓蒙》也有鈔録《紀效新書》的内容。影印使用的底本是美國國會圖書館藏明隆慶刻本《紀效新書》相應部分。

紀效新書卷十三

射法篇第十三

一烈女傳云怒氣開弓息氣放箭蓋怒氣開弓則力雄而引滿息氣放箭則心定而慮周

一量力調弓量弓制矢此爲至要也故荀子曰弓矢不調羿不能以必中孟子謂羿之教人射必至於彀學者亦必至於彀

射家要法

一持弓矢審固審者詳審固者把持堅固也

一凡打袖皆因把持不定

一凡矢摇而弱皆因鏃不上指也

一法曰鏃不上指必無中理指不知鏃同於無目此指字乃是左手中指末知鏃者指末自知鏃到不假於目也必指末知鏃然後爲滿必箭箭皆知鏃方可言射

一審者審於弓滿矢發之際今人多於大半矢之時審之亦何益乎

一審者今人皆以爲審的而已殊不知審的第審中之一事耳蓋弓滿之際精神已竭手足已虛若卒然而發則矢直不直中不中皆非由我心使之也必加審之使精神鉏易手足安

固然後發矢其不直不中為何

一射法中審字與大學慮而後能得慮字同君子於至善既知所止而定而靜而安也又必能慮焉而後能得所止君子於射箭引滿之餘發矢之際又必加審焉而後中的可決欲知審字工夫合於慮字工夫玩味之乃得

一大指壓中指把弓此至妙之古法也決不可不從之

一馬弓決要開至九分滿記之記之若七八分亦難中也

一馬上射把箭須以箭二枝連弓弝把定又以一枝中弦掛為便其有以箭插衣領內或插腰間俱不便決要從吾言

一凡箭去帘高而過的慎勿低而不及也此人人之病記之記之

一場中射須要業業恐不中決不可有一毫自放之意都如無監射各官在上都如平日自射一般慢慢一枝知鏃過一枝一枝審過一枝如何不中

一凡中的之前可取必者皆自從容閑暇中能必之未有忙忽而可取必者忙忽而有中者亦幸耳

一凡射至五矢之外猶未中的更要從容審決不可因不中而自忙若忙則六七八九矢更無中理也

一教騎射箭法曰勢如追風目如流電滿開弓急放箭目勿瞬視身勿倨坐出弓如懷中吐月平箭如弦上懸衡

一步射箭法曰箭者殺人於百步之外者也射者必量其弓弓量其力無動容作色和其肢體調其氣息一其心志故曰莫患弓軟服當自遠莫患力羸引之自伾但力勝其弓必先持滿射之先近而遠此不易之法也大端還要學扯滿射遠及到然後自近求準非如一人自未開弓便止射三二十步起也如此一爲所局豈能遠耶

凡射或對賊對把站定觀把子或賊人不許看扣目稍瞬則不及避而制於

人。此眼法也。

凡射前腿似橛，後腿似瘸，隨箭跤移，只在後腳。左眉尖直對右腳尖，丁字不成，八字不就。射右跤左，射左跤右。二句正中的之妙。此足法也。

凡射前手如推泰山，後手如握虎尾。一拳主定，前後直正。慢開弓，緊放箭。射大存於小，射小加於大。存壓其前手。加墜其前手。務取水平。一前手撇，後手絕。二句射之示機。一撇一絕，正相應之妙。一齊着力，使兩臂撐伸合，則箭疾而加於尋常數等矣。此手法也。

凡射頤惡傷，引頭惡却，垂胸惡前凸，背惡後偃。乃身之病。此身法也。

凡射決箭搖頭乃是右手大食指扣弦太緊之故其扣弦太緊之故是無名小指鬆開之故學射者有此病射時用小草梢一寸用無名指小指共掐於手心箭去而草不墜則箭不搖擺矣

凡對敵射箭只是箇膽大力定勢險節短則無不中人無人能避矣此狀形容不出大端將弓扯起且勿盡滿且勿輕發只是四平架手立定則勢自險也必待將近數十步約我一發必能中敵必能殺人至於或患將切身或爲賊先鋒一中而收利十倍則節自短矣馬上之賊只當看大的射不可射人

諺云、射人先射馬。擒賊必擒頭。是也。

凡馬須要平日適飼養。時調度。縱蹲聽令。進止觸物不驚。馳道不側。前兩脚從耳下齊出。後兩脚向前倍之。則疾且穩。而人可用器矣。故馬者人之命。胡馬慣戰。數倍中國。居常調度之功也。

實握射圖

此法弓滿左肱直如弦而弓斜如月前平奶頭

掌心推射圖

此法弓滿則肱之曲心對下肘平如衡而弓須兼八分平勢

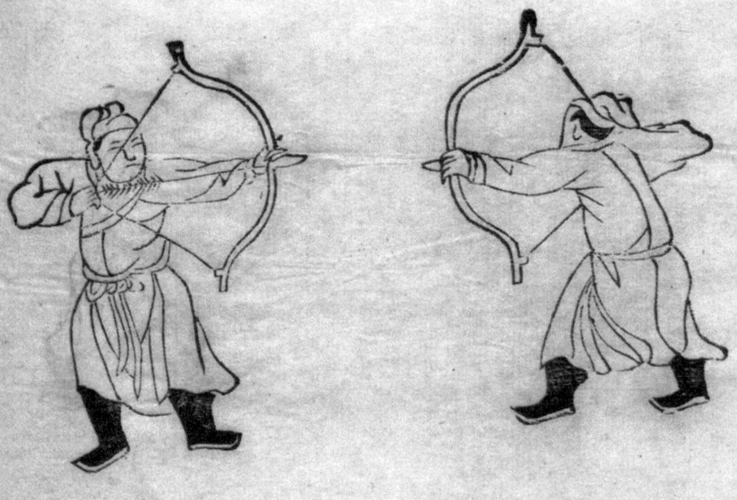

武經射學正宗

〔明〕高穎

武經射學正宗

《楊修齡先生較定武經射學正宗》，明高穎著。唐豪《中國武藝圖籍考》著録云：『明高穎撰。案：寬正十年，平山潛嘗引其書參訂《紀效新書》，則《射學正宗》之著，當在戚書前。李塨《學射録》亦引其文，予未見原書，不知世尚有傳本否？』高書在戚書之後，已見前『戚繼光《射法篇》』所論。按，高穎及其《武經射學正宗》一向不爲國内學者所知，明清公私藏書目録没見著録。李塨《學射録》卷一之末引用了《射學正宗》有關『練頭面法』和『練氣之法』〔一〕的内容，這一内容不見於高穎《武經射學正宗》，疑李塨所見《射學正宗》可能不是高穎《武經射學正宗》。明末鄭大郁《經國雄略》中所涉射箭内容《武備考》卷五《弓矢、指機》〔二〕，則全文摘録《武經射學正宗》下卷《擇物門》的内容。

《楊修齡先生較定武經射學正宗》，含《武經射學入門正宗》三卷、《指迷集》五卷。據目前掌握的材料，此書現存兩個明崇禎刻本，一是金閶本，一是金陵本。金閶本藏於日本國立公文書館。扉頁有『高氏箭譜大全，大司馬楊修齡定，武經射學正宗，一集射學入門，一集射譜指迷，金閶翁得所、童心華梓』。金閶就是今天的蘇州。翁得所，

〔一〕（清）李塨《學射録》卷一，清代《畿輔叢書》本。

〔二〕（明）鄭大郁編訂《經國雄略》卷四十，明隆武譚陽王介爵觀社刻本。

明天啓間蘇州人，業書坊於金閶，刻印過譚元春《譚子詩歸》十卷。〔一〕卷首爲崇禎十年（一六三七）江起龍、高穎的兩篇序言，後有崇禎十年高穎《武經射學入門正宗後叙》《武經射學正宗指迷集序》《武經射學正宗指迷集後序》。江起龍、高穎的兩篇序後接《捷徑門》正文，再接《武經射學正宗指迷集目録》《武經射學正宗指迷集圈點凡例》，緊接着是《辨惑門》正文，《辨惑門》正文後是《擇物門目録》。金陵本藏於日本宫内廳。扉頁刊『高氏箭譜大全、大司馬楊修齡定、武經射學正宗、一集射學入門、一集射譜指迷、登龍館李泰所梓』。登龍館是明代金陵李氏書坊，萬曆間以刊刻小説著稱，曾刊刻《西漢通俗演義》八卷、《新鍥重訂出像注釋通俗演義東漢志傳題評》十卷。〔二〕金陵刻書業發達，登龍館從萬曆至崇禎經營未斷，《武經射學正宗》内十三幅插圖非常精美，由此也可見登龍館精湛的版畫刊刻水準。卷首亦是崇禎十年江起龍、高穎的兩篇序言，後有崇禎十年高穎《武經射學入門正宗後叙》《武經射學正宗指迷集序》《武經射學正宗指迷集後序》。江起龍、高穎序之後是《武經射學正宗指迷集圈點凡例》《武經射學入門正宗目録》《武經射學正宗指迷集目録》，接着是《捷徑門》正文。對比二本來看，金閶本、金陵本字體風格一致，若不仔細察看很容易誤爲同一版刻。這説明二本刊刻的時間相差應不遠，且刊刻地蘇州、南京相距較近，有較爲一致的字體風格也很正常。從時間上來看，金閶本應爲初刻。且金閶本誤字較少，校訂明顯更好。比對後發現，兩個本子存在三五處异文，金陵本除了七處破損，另外出現二十處誤字，這在金閶本中都不誤。故影印使用的底本是日本國立公文書館藏明崇禎金閶刻本。

除了以上兩個版本，該書還有日本國會圖書館藏日本大正十三年（一九二四）刻本，收録於淺野正親著射箭相

〔一〕瞿冕良編著《中國古籍版刻辭典》，蘇州大學出版社二〇〇九年版，第七二二頁。
〔二〕韓錫鐸、王清原編纂《小説書坊録》，春風文藝出版社一九八七年版，第一一頁。

關叢書《射學雜纂》中，由物茂卿點校。另，日本國會圖書館還藏有大正十五年（一九二六）《訓和武經射學正宗》，該本爲中日文對照本，日本武德會教士三輪閑水譯注。前有京都跡部定次郎序與三輪閑水自序，東洋精版株式會社藏版。一九八五年我國臺灣曾點校出版《武經射學正宗暨武經射學正宗指迷集》，臺北林忠明編。從其自序可知，所編版本據日本弓道聯盟會長小沼英昭所贈『中日文相雜之藏書』，應爲上述訓和本。

以金閶本爲底本，《武經射學正宗》全書分爲兩部分，第一部分爲《射學入門正宗》，分上中下三卷。上卷『捷徑門』，專講審、彀、匀、輕、注五法，高穎以爲以此五法爲入門之徑，『近不過百日，遠不過期年，命中可幾矣，其功最捷，故名其門曰捷徑云』。其主要内容爲『論審法第一、論彀法第二、論匀法第三、論輕法第四、論注法第五』，以及總結；中卷『辨惑門』，講種種不正確的射姿和心態，講習射者應有的心理修養，所見亦多有獨到處。主要内容爲『引弓潦草之惑第一、郊射太早之惑第二、妄射藁砧之惑第三、早射勁弓之惑第四、郊射用大的太早之惑第五、前拳握弓徒緊之惑第六、習射作輟之惑第七、信道不篤之惑第八、私心自是之惑第九、不辨風氣之惑第十、識見未充之惑第十一、涵養未純之惑第十二』，以及總結；下卷『擇物門』，『擇物』則專講弓、矢、扳指等的製作、選材和射者對器物的調試選擇等，主要内容爲『弓力强弱宜擇第一、弓套長短宜擇第二、弓之材料宜擇第三、挑盤體式宜擇第四、弓弝大小宜擇第五、弓弦長短宜擇第六、箭式長短宜擇第七、箭體式輕重宜擇第八、箭竹老嫩宜擇第九、箭體式宜擇第十、指機式宜擇第十一、竹木箭宜擇第十二』，以及總結和後序。在這一卷中，高穎特地介紹了自己所改良的扳指『四捷機』。第二部分爲《武經射學正宗指迷集》五卷。分别爲『一卷録古人射法遺言、二卷録《紀效新書》射法、三卷録《武備要略》射法、四卷雜録射法遺言、五卷録引弓體勢圖説』。四卷後有『或問十發』，高穎以此爲引，在五卷中細述自己所創的射箭體勢『尺蠖勢』。

高穎，隆慶四年（一五七〇）生，卒年不詳。從書中可知萬曆三十一年（一六〇三）他應試鄉舉，萬曆四十一年（一六一三）應試京師，時四十三歲。後因長期訓練不當，致使『筋力勞疲，病根益深，引弓益不能彀，變怪百出，胸中射法了然，奈兩臂之不爲我用也』，所以從四十五歲開始他決定改爲左射，『以精驗之法，訓新習之手』。從《武經射學正宗指迷集後序》可知，高穎撰成此書的時間是崇禎丁丑年（一六三七），那時已六十七歲。而讀《武經射學入門正宗後叙》可知，高穎於天啓四年（一六二四）爲授徒而作《射略》，又於天啓七年（一六二七）『作《射法》三十餘條，分之爲三門』。這應是《射學入門正宗》的最初底本。由此可推測，高氏的這部射書成書前後共花費十年左右。

書的首頁題『疁城高穎叔英父著，茂苑江起龍靖侯點次』，據之，高穎字叔英，嘉定（疁城是嘉定代稱）人。從書中可知，高穎年輕時就很喜歡射箭，『弱冠時，輒與邑中善射者游，而孫履正、孫履和、李茂修其選也』。其中與孫履和交流射藝最多。萬曆二十九年（一六〇一）又結交錢三持。錢世楨，字士興[一]，又字士孫[二]，號三持[三]，本爲諸生，善於騎射，驍勇過人。萬曆十年（一五八二）武舉人，萬曆十七年（一五八九）武進士。萬曆

〔一〕（明）唐時升《三易集》卷九《〈射評〉序》，《四庫禁毀書叢刊》第一七八册影印明崇禎謝三賓刻清康熙三十三年陸廷燦補修《嘉定四先生集》本，北京出版社一九九七年版，第一二一頁。按：唐時升是錢世楨的友人，所記錢世楨『字士興』應不誤，清光緒《月浦志》沿用。

〔二〕（明）婁堅《學古緒言》卷二《錢士孫〈射評〉序》，《景印文淵閣四庫全書》第一二九五册，（臺北）商務印書館一九八六年版，第二五—二六頁。按：婁堅亦是錢世楨的友人，《錢士孫〈射評〉序》出現十一處『士孫』，錢世楨字士孫明確無疑。清人纂《石岡廣福合志》《（光緒）嘉定縣志》《月浦志》沿用。

〔三〕錢世楨『號三持』的記載見於《明練音續集》《（康熙）嘉定縣志》《石岡廣福合志》，也有『字三持』的記載，見於《嘯古堂詩集》《（光緒）嘉定縣志》。從時間上看，前者的記載在清嘉慶前，後者的記載則在清光緒。故此處采納錢世楨『號三持』的記載。

十八年（一五九〇）任蘇州衛鎮撫，升浙江運糧把總，署指揮僉事，以都指揮體統行事。萬曆二十年（一五九二）九月，升禦倭防海都司僉書管經略標下游擊將軍事，署都指揮僉事，赴朝鮮參與抗倭軍事。次年九月班師，十月以原官題補浙江軍門，坐營左游擊。萬曆二十二年（一五九四），統兵海上防倭。十一月，升蘇鎮添設防海參將，次年二月到任。萬曆二十三年（一五九五）七月，調湖廣參將，未任。九月，調山東登萊參將管副總兵事，未任。十一月，調徐邳參將，未任。萬曆二十五年（一五九七）九月，調江南金山參將。萬曆二十六年（一五九八）八月，蒙補添設常鎮參將。萬曆二十九年（一六〇一）三月，委署協鎮吳淞營事。萬曆四十六年（一六一八）四月，蒙欽差應天軍門，委署金山參將事。萬曆四十七年（一六一九）六月，升江西總兵官，但未任而告老歸家。〔一〕錢謙益從好友程嘉燧處得知錢世楨，『錢君固東南宿將也，平壤之役，絀於李氏，有功不得封。又數强項，與文吏争，故數起數躓』〔二〕。高穎在《武經射學正宗》提及錢世楨達四處。第一處，高穎認爲錢三持是邑中的先達賢豪。萬曆二十九年（一六〇一），高穎上門謁見錢世楨，請教射藝，得到錢世楨《射評》，研讀其中，射藝精進。第二處，高穎回憶錢世楨曾親自試驗木箭、竹箭的力量，得出木箭比不上竹箭勁力的結論，糾正了時人的錯誤觀念。第三處，關於如何帶箭上身的問題，高穎指出錢世楨《射評》裏面討論得十分詳細。第四處，關於射箭時是否要改動左右足的問題，高穎轉述錢世楨的話：『假令騎射，足亦可移乎？』以此證明改足是一種錯誤的射法。

可見，高穎對鄉賢錢世楨很是佩服，親自上門求教，贊賞錢世楨通過實地試驗來得出可靠結論的行爲，尤其推崇《射評》一書。此書對高穎《射學正宗指迷集》的撰寫具有啓發意義。經查尋相關資料，我們發現高穎與明末嘉定黄淳

〔一〕（清）陳觀圻等《月浦志》卷四，《中國地方志集成·鄉鎮志專輯四》，上海書店出版社一九九二年版，第三六七—三七〇頁。

〔二〕（清）錢謙益《初學集》卷三十七《汪君六十序》，《錢牧齋全集》第二册，上海古籍出版社二〇〇三年版，第一〇三二頁。

耀也有交往。黄淳耀《陶庵全集》卷七有《高叔英先生像贊》一文，曰：『崒然而見者，高子之骨遒蒼；穆然而藏者，高子之神清泚。前觀百世者，高子之洞曉壬奇；捷中秋毫者，高子之精能弓矢。若此者舉非高子也，必也風光本地，描之不成，面目本來，畫之不似，夫然後謂之高子。』[一]黄淳耀是崇禎十六年（一六四三）進士出身，明亡後與弟弟黄淵耀同入草庵自殺殉國，是著名的嘉定節烈之士。[二]高穎年輩應高於淳耀，故淳耀以『高子』相稱。像贊提到的高穎狀貌應是他晚年的樣子，他擅長六壬奇門一類數術，又精通射術，由此可大略想見其人風采。另，黄淳耀曾爲錢世楨《射評》撰序[三]。而上述孫履正、孫履和兄弟應是錢世楨的射箭夥伴。婁堅在《錢士孫〈射評〉序》中云：『顧往時見士孫，與其友孫履正、履和兄弟數聚而較射，未嘗不往觀焉。射畢，弢弓囊矢相與追論其所以，曰如此而得，如此而失，三人者亦未嘗不相視而笑也。』[四]錢世楨與孫氏兄弟一同射箭，切磋射藝，射罷總結射箭得失。由此可見，孫氏兄弟的射藝當不俗。

而與高穎并列署名的江起龍，是清初一位頗有特色的武人。據雍正年間修《廣東通志》卷四三載，他是徽州人，順治十三年（一六五六）任廣東水師參將，駐防雷州白鴿寨通明港，起龍曾大加修飭，壁壘一新，軍容頗壯。後遷爲副將，移駐瓊州，因出海捕盜舟覆殉難。雍正九年（一七三一）受封爲『英佑驍騎將軍之神』，准地方立廟祭祀。志載：『起

［一］（明）黄淳耀《陶庵全集》卷七，《景印文淵閣四庫全書》第一二九七册，（臺北）商務印書館一九八六年版，第七二九頁。

［二］（清）温睿臨《南疆逸史》卷一五列傳十一《黄淳耀傳》，上海古籍出版社一九六三年版，第一〇三頁。

［三］（清）程其珏等《（光緒）嘉定縣志》二十六卷，《中國地方志集成·上海府縣志輯八》，上海書店一九九一年版，第五四二頁。

［四］（明）婁堅《學古緒言》卷二，《景印文淵閣四庫全書》第一二九五册，（臺北）商務印書館一九八六年版，第二五—二六頁。

龍爲人仁勇忠直，故生著匪躬之節，殁顯利涉之功。』《武經射學正宗》的印行很可能與此人有關，時間可能在明末，也可能已入清朝。高穎是射史上一個值得深入研究的人物，我們期待着更多史料的發現。

扉頁所署楊修齡，名楊鶴，字修齡，明武陵（今湖南常德）人。明神宗萬曆三十二年（一六〇四）進士，授雒南知縣，後調長安。四十年，升御史，旋出督兩淮鹽法，巡按貴州。四十四年（一六一六），努爾哈赤在赫圖阿拉建立後金政權，屢向明朝進攻。四十六年（一六一八），楊鎬被命爲經略，出鎮遼東，明年四路兵敗。楊鶴疏薦熊廷弼、張鶴鳴、李長庚、薛國用、袁應泰等督師，疏陳遼東戰事失敗緣由，不報，乃稱疾回家。天啓初，起太僕少卿，擢右僉都御史，巡撫南贛。崇禎元年（一六二八），復起爲左僉都御史，旋升爲左副都御史。二年，受命以兵部右侍郎出任陝西三邊總督。但他不諳軍事，采用招撫、誘降策略無成效，農民義軍隊伍更爲壯大。四年，御史吴甡上疏彈劾楊鶴『主撫誤國』。很快，楊鶴被下獄，戍袁州。八年冬，死於戍守。《明史》卷二六〇有傳。〔一〕楊鶴是明末曾任太常卿的武陵人龍膺的外甥，以書法鑒藏聞名，故他的名字在明清間書法鑒賞書籍如《書法正傳》《書法離鈎》《石墨鎸華》《來齋金石刻考略》中時有所見。今傳鈔本《楊鶴奏疏》，原有刻本，清乾隆間以『鶴在萬曆末年爲浙江道御史，疏中多有指斥之處』而列爲禁毀書。〔二〕

高穎《武經射學正宗》的確是一部内容明晰而講求實效的書，是中國古代衆多射書中難得的佳作。它對於我們深入瞭解明代的弓箭物質文化與制度文明，特别是對於我們研究弓矢選材的區域性差异，南北射法的技術差异、弓箭用語的官俗差异，以及明代武科舉考試的細節，與明末江南文人群體的尚武風氣等都有極大的幫助。他對射箭技術學習的描述，更是目前可見所有古代射藝著作中最爲詳盡且科學性最高的一部。書中的許多内容與現代射箭訓練

〔一〕（清）張廷玉等《明史》卷二六〇，中華書局一九七四年版，第六七二五—六七二八頁。

〔二〕尋霖、龔篤清編著《湘人著述表》，岳麓書社二〇一〇年版，第四二一頁。

相似，也正因爲如此，林忠明在上揭書《編者序》中説『將其中文部分跳閲看完，發現美籍華爾教練所授者，大部分符合我古書所載』。

《武經射學入門正宗後叙》中，高穎説自己『貧而益堅，老而益壯，頗得力於此』，本想將畢生所學傳授給子孫，『而長子武孟、孫念祖，雖喜讀書，左臂俱折，不能學也。强授之而亦不能精，是天限之也。欲授之次子修孟、幼子聲孟，又不喜讀書，則不學無術之人，授之技而不善用，不若農焉而已』。可見，再好的技藝也需要有人傳承纔可以留存。

今所見《武經射學正宗》多數出自東鄰日本，可以説此書得以傳存，與日本江户中期著名學者荻生徂徠（一六六六—一七二八）有關。荻生徂徠熟讀漢籍，崇尚儒學，後來又熱衷於《韓非子》的研究和韓非思想的復興，形成具有『新法家』特點的『徂徠學派』，成爲日本近代化前期的重要思想準備之一。〔一〕荻生徂徠還對中國的射箭書深有興趣，平生收集了中國不少射書，編成《射書類聚國字解》。這是一部中國明代多種射書的彙編本，徂徠通過對中國大量射書的閲讀分析，認爲中國流行的射書，特別是明代射書，其實大都出自幾部射書，是幾部古代射書的輾轉稗販而已，没有多少切實可用的内容。相比之下，《武經射學正宗》是明代射書中的精粹，是少數幾部内容實在而確有見地的射書之一。荻生徂徠的崇高名望，使他所編選的《射書類聚國字解》同樣受到日本射箭者的推崇，高穎的《武經射學正宗》也受到日本武士的喜愛，以至這部在中國悄然無聞的射書，對日本弓道産生了深遠影響，并一直持續到今天。

〔一〕韓東育《日本近世新法家研究》，中華書局二〇〇三年版，第三三二頁。

武經射學正宗　乾

共二冊

高氏箭譜大全

大司馬楊修齡定

武經射學正宗

一集射學入門

一集射譜指迷

金閶翁潯所童心華梓

序武經射譜

注余需次司馬門淒清不偶末繇少分君艾焦勞溪以爲恥每與修齡諱鶴緫督尚書右君諱朝佑兵垣叅之諱贊

化侍御史少鶴諱禾嘉開府。諸君子、拉、
掌、當、世、經、綸、之業。謂文章雖、
可、華、
國、無、關、戡、亂、士生其間、歟以
武事兼、講、究、則、詩、書、六、藝、之

中無如射也廼相與嘆惜一時紳衿但知毛錐陰食家乎富貴而未聞以一矢一劍濟變流鴻是以一當有事則束手驚弓捧頭竄斃畢露書生

庶蘊貽咲犬羊甘心辱
中國而血黔勦致使所在多
故征討無人財糜師老掃蕩
徒期空煩
五伍之憂不絕三陲之警此皆

徒文不武為之勵階也伊誰之咎。然而猶可說焉、萬一愛閱三五寒暑、而舉朝仍是靡靡不醒則天下事。尚忍言哉。頃賴

今上英武震世、宵旰捬髀、惟恐、
邦畛、日蹙、邊腹癢痺、夷狄因
之窺玩中土、乃
慨允臺省所請、輒
敕儀臣急下所司、大轉、波頹之、

局力飭
國初之制因時閲射求材於
全以帖括為功名藁矢以破
的為將吏先聲俾在庭在埜
文武咸歸有用于

皇家各期無羞於乃職獨慮未
必士然時勤而即以文
人向忽之射還責彼躬練其
長駕遠馭以徵其第不第之
優劣進退是

聖王極奧之微權也在歲試可

使究臭癡兒不得扶父兄而

圖合式有礙孫寒在科考可

使空疎邁叟毋容努莫力而

倖丞皮妟希黨逐廉幾風簷

寸晷之下曉然於此兩種不
堪實一千秋快事夫然後闈
中識拔芻及弓旌必皆英英
僑肸文武壯猷入則樞密鹽
梅巍巍鐘鼎出則吉甫虎臣

雲、龍、卓、起。於以奪鐔裘。斬跋扈。而煥。萬。載。太。平。之。色。孰。非。一。射。之。所。誘。而。始。乎。其秉勳。正、自、不、小、而、何、大地肉。食。之。人、弁、髦、其、鶡、冠、跗、注。如。盟。約。

之牢不可破自既不能以汗
馬酧爵祿又不歆尊重一千
城以鮮億地倒懸則安閒此
章句爲耶甚矣射之不可一
日緩也但古者自天子射以

至士莫不以威德之容禮樂之節萬撻伐而銷禍亂俾林總共知之爾頌必雝雝歟騶虞奏貍首陳采蘋德官備肅會時衎循滋以宴以射彼的

爾爵。君臣盡志則撫則譽未嘗鹵莽以視也此豈不文事歟夫文至聖人、極矣、聖至尼山。蔑以加矣。猶不辭耦侯獲容。張弛審固射於矍相之圃觀者如堵。而況桑弧蓬矢。志在天地四方。乃男子之所有事人人而然者乎。故毋論羣臣衆士之一遊澤宮。則有慶讓益削爲稱德稽功。彼欲食

君祿者、有不視算善息○繹云
體直○注○白○蓍○而○張朱○綠○、以○通○
射○己○之○鵠○哉○雖肰、躰之道、固
非、粗、事○而射之ゝ法亦、不、易、
遣○非有內外交養○獲以翿旌○

而能得心應手。縱送樹鏃也。者彀射者貫與不貫準諸鵠。而學者善與不善信諸傳語。云雖小道必有可觀者。蓋得其傳也。否則恐汨汨迷塗終

不符其正法眼此射譜之所繇作也譜為吾友叔英先生手著耗十年之苦心羅生平之秘學凡射之精微病弊習之暗靶明舛罔弗纖析摟剔

一〻譜而出之為海內醫射
救射之宗復初學未入門者
識不敢不宗從學久而未得
肯窾者並不容不藉此為指
南所以是譜一行紙價沸騰

不獨魁魁將種志封拜者盡
棄紀鼓武畧諸書之筌蹄寤
裒斯編即青青子衿亦莫不
袖珍而津梁之噫宗斯譜者
總是師叔英也然則叔英之

射己儼然毅天下矣倘嗣是韜鈐家有以高氏射譜殺奴膂滌蔻氛是即叔英之報主也不愈於身魁虎榜萬萬耶又奚必爭此一第而爲遏

不遇也客曰當此
聖明右武而欲以射奠四維幸
有叔英靖獻而欲以躬教天
下是編兹
一人吾遊周也何復有監儒學

究自顧無能決捨乃反簧鼓。世之子弟非貶之鄙之謂不足學。遂阻之悞之謂不必學。上梗作新之明旨。下排學憲之通行。

必欲分文武爲兩以偏枯介冑爲快此當援以何律余曰我

國家以武功定鼎是人而知之矣然

一統之後隨用八服以享無
事之福者益歡借其硃墨之
靈不靈爲坐老英雄計耳詎
眞歆輕公侯腹心而恣我武
維揚耶彼監儒學究誕妄不

倫是輓季之人、妖謗訕之魑
魅也罪且不勝誅矣何足
與語
崇禎丁丑姑洗試茶日荅塢
漢人江起龍書于草〻亭之

夢墨樓

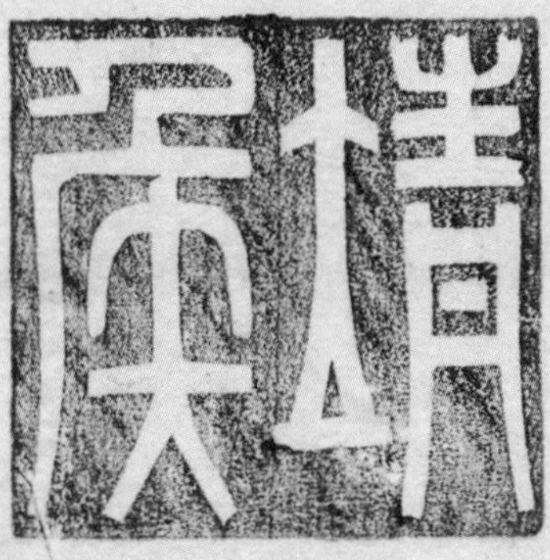

武經射學入門正宗前序

夫射之有法猶匠之有規矩也匠能與人以規矩不能與人以巧者以規矩有形而巧無形有形者可言無形者不可言也巧雖不可言而所以適於巧之路與害巧之弊以助其巧之

其未始不可言古今言射者衆矣第言如何而善如何而不善言善而不言所以適於善之路言不善而不言所以去其不善之根則雖終日教人射總屬浮言是欲其入而闢之門也學射而不得其所以適於善之路與

去其不善之根則雖終日習射而茫無畔岸是不得其門而入也愚帙中所云捷徑門者所以適於巧之路也辨惑門者所以去其不善之根也擇物門者所以助其巧之具也由其徑去其惑執其物而射之道昭如也學

者由此而進。庶乎得其門而入。不為旁門別徑所惑。故名為射學入門正宗云。此皆得之歲年廣稽博採歷試屢驗而成。覽斯帙者，勿偏心以自是，勿隘心以自足。勿粗心浮意淺嘗之，而遂謂道終不可得，而自棄。惟凝神體認深造不已乃能入其門而居其室漸臻巧妙之域以追古人善射之蹤皆始於此雖然斲輪小技也甘苦疾徐之妙父不能傳之子而況射乎其機緘動於意色之微變化捷於形神之際意也神也非奉臂諄諄耳提

面語。不能盡也。然不得其人而授之、而頽年已老、又不及待、不得已、而托之簡編以寄其懷。淺言之、而不能盡其詳。深言之、而不能闡其幻。雖微辭婉轉。極意摩研。而筆墨限量僅可達其皮膚骨節之粗。其間隱如躍如之態。時。迅。時。緩。時。行。時。止。一種先後天成自然之節。不能寫也在敏悟者因、言、以、契、其、意。圖、意、以、會、其、神。庶幾眼習之久。形、與、神、通。揣摩之深機、與、道、洽。骨節相對。體勢堅完之謂形。熟而生巧。莫知其然而然之謂神。疾徐甘苦。適相湊泊之謂機。行乎其所不得不行。止乎其所不得不止。是之謂道。而予欲吐不能吐之苦心。或得藉是以宣暢。而夫人之巧力欲發而未能發者亦因是以奮揚乃可謂曠世同符千里神合者矣若而人者予雖不及見其面也較之見予面而不知予之法。習予法而不能窮其奧者。相去遠矣。悲夫。

崇禎丁丑仲春高穎自述

射學入門前錄　五

楊修齡先生較定武經射學正宗

畛城高　穎叔英父著
茂苑江起龍靖侯點次

捷經門

捷經門序

夫射之道若大路然入路自有次序得其路而由之始而入門既而升堂又既而入室計日可到不得其路而由之一入旁門猶適燕越轍逾趨逾遠當其年

少初習時病（骨節不直之病）未入骨筋力强神氣銳引弓可發機勢一熟便可中的習射既久病（骨節不直之病）根一深不過數年精神未及衰老引弓遽爾難彀射愈久而矢離的愈遠回視昔年中的時若兩截人物令人莫曉其故（竊見三吴彎弓之士以善射名者比、數年後俱坐不滿之病中數漸減問其故茫然不解即至暮年而能解此病者不見也）此無他只因習射之初妄自引弓或爲拙射所誤偶入旁門不得正路而由耳若果循正路則射愈久法愈熟焉有射久而愈不如前者乎所云正路者何一曰審二曰彀三曰句四曰輕五曰注顥請以法詳著於篇使人得循途而進不為邪徑所迷近不過百日遠不過期年命中可幾矣其功最捷故名其門曰捷徑云世人只欲旦夕期效一聞期年之說便爾駭然詎知無法之射愈趨愈遠白首而無成顥所云期年者合法之射計日可到期年之期豈不為捷徑乎期年之間必須時時講究明通其理又須日日演習百病皆知使弓手相親以身使臂臂使指則弓與手相通若一體指揮操縱無不如意方可云期年耳若一作輟前功盡

慶。即終身。演射白首無成者。比
比皆是也。安可望期年而中乎。

論審法第一

發矢必先定一主意意在心而發於目故審為先審之工夫直貫到底與後注字相照應俱以目為主故欲射先以目審定而後肩臂衆力從之而發然審法不同有審鏃於臨發時者有審於弓左者皆非也審於臨發時者固已倉猝且專審於箭鏃恐鏃對而箭桿不對發矢亦斜若審在弓左者箭在弓右目不見鏃注的不清矢之遠近何從分別總之以意度之耳

故審之正法惟於開弓時先以目視的而後引弓將發時以目稍自箭桿至鏃直達於的而大小東西了然是之謂審然此審法射遠乃爾若五十步以內者俱視在弓左與騎射同騎射非十步二十步之內不發射近而亦用前審法則矢揚而大矣故射近者前手須低於後手安能審在弓右乎此又不可不知

論彀法第二

彀者引箭鏃至弓把中間之謂乃射之根本巧妙之所從出也惟彀則前段審的工夫有所托以用其明後勻注之功有所托以收中之效倘引弓不彀骨段節未盡肩臂俱鬆猶不根之木生意何由發喪心之人百務必不集縱有巧法安從施哉世人講射法者紛紛但不講所以彀之法是舍本逐末老而不精故射之根本必先於彀然彀法不同有鹵莽彀有氣虛

發有泄氣發夫鹵莽發者引弓將發時將射鏃露半寸許於弓弝外臨發時急抽箭鏃至弓弝中間而出是全以氣質用事急於求發激動箭鋒矢發必不準名曰鹵莽發氣虛發者引弓迅速急抽箭鏃至弓弛中間不及審的後手力量已竭膽氣俱虛曾不能少留隨即發出矢亦不準名氣虛發以形發而氣不發也此皆非發之正法夫正法者只有一條大路世人不知偶合其一二者有之然非必知其善亦未必能

守也。及習射既久，病根漸增（骨不直之病）始之偶合者（偶然）（骨節稍直）亦漸消減（久射筋疲，始之骨稍直者漸歸不直）原歸不彀矣。彀之大路云何？彀法根本全在前肩下捲，前肩既下，然後前臂及後肩臂一齊舉起，與前肩平直如衡，後肘屈極向背，體勢反覺朝後，骨節盡處堅持不動，箭鏃猶能浸進，方可言彀。人之長短不齊，各以其骨節盡處為彀，則力大者不能太過，力小者不能不及，此天造地設之理。今人不知彀法，專恃力以引弓，鏃至弓弝為彀骨節平直之法置而不講則就一人之身一日之間力亦有衰旺夫人朝氣銳晝氣惰暮氣歸氣銳時則力旺而彀氣衰則不彀矣彀不彀分而矢之遠近亦因之安有定衡乎惟以骨節盡處為彀則長人用長箭短人用短箭力大用勁弓力小用軟弓矢鏃俱引至弓弝中間為彀方有定準然骨節平直工夫全在前肩下捲下前肩法今人絕不講間有言及者俱止耳聞不得其竅此所以前肩不得下欲彀而未

觝耳○下肩法詳於辨惑門滌單引弓章內宜細求之則肩不期下而自下弓不期發而自發矣○此下手入彀工夫也此段宜與指迷集四卷中或問八發章合看

註釋

體勢反覺朝後大抵引弓前後肩臂俱有相因之勢後手引弓極發時至體勢反覺朝後方為發弓之妙境然體勢朝後者前肩必前突出則有括臂之病故又須前拳斜側向眉前彀出二寸許與眉齊但前拳過彀則前肩必然退縮故又須將前肩極力向前當下捲實令肩上津窩前向同臂當直向地則前拳雖彀而肩不退縮矣然肩之根在於背欲肩窩前向又須將前肩背骨

即飯超骨也向前畨下送前肩畨出則肩窩方得向前此皆相因之勢不可缺一不然背骨不畨則肩窩必不能向前肩窩不向前則前拳必不能前就而免括臂之病何以收體勢朝後發弓之功乎

論句法第二

句○者前後肩臂分句而開之謂○所以終彀之功而落後輕注之巧妙者也○（句之時矢猶浸進未彀）令人當引弓既彀○時骨節盡而筋力竭○信手便發○何暇浸進而加句之○功句開之功不加○發矢時酬酌不清○所以矢之大小左右俱不暇顧○發矢一偏則彀之工夫總爲無用○此彀之後當繼之以句○而句開之功爲最急○然句之法○莫妙於用肩而勿用臂○何也臂之力小而肩之力厚

也○引弓既發時筋力已竭○欲使兩臂分勻而開○勢必不能惟肩力厚則能旋運而悠長旋運有口訣弓發筆不能盡之時臂力將盡以肩力繼之前肩極力下捲向前者下為捲後肩堅持瀉開則箭鏃從弓弝中間徐徐而進○如水之浸漬然豈非勻之正法乎○令人當發之後○只用臂力分開○臂之力小如何能開○必將彈力一抽箭鏃急進激動前臂嶔矢必斜○前功盡棄○故曰勻之法莫妙於用肩而勿用臂○古云胸前肉開背後肉緊者此也○

此句下手工夫也。令人講句不講下手工夫，則說得行不得，說之何益。下手工夫獨得之秘，當為智者道也。

註釋

旋運而悠長　引弓既彀之時，臂力已盡，惟恃前肩之下捲達上而出矢，後肩之聳起運臂自高瀉下而脫弦。此時用力皆在兩肩，并實凝成一片，前肩下而後肩瀉，悠悠而開，弸而且柔，猛而且緩，故云旋運而悠長也。

胸前肉開背後肉際　註釋詳于《指迷集》四卷或問第八章，茲不載。

論輕法第四

輕者。後拳與前掌相應輕鬆而發矢也。然輕之功極細。發矢時。若欲輕而不敢用力。矢鏃必然吐出。即使不吐而定。發矢亦覺無氣。氣怯則矢發必傷於小。懼其小也。而稍用力。則力微而矢不能進。懼其不進也。而極力求進。必然一抽而出。就着氣質機神衝動。不能凝注。矢不能不少偏矣。故既旬之後。後肩瀉開時。箭鏃已至弓弝中間。決機命中。全在於此。後拳必將筋力緊收與前掌相應前後肩臂彈力并實堅凝一片輕輕運開後拳與前掌約勻平脫後肘又須垂下向背若拳平脫後肘不垂發矢無勢如此肘垂而拳平脫氣質煙火之性渾然不露如蜻蜓點水輕揚活潑如爪熟蒂落全出天然鬆而且脆矢出如荳細衝至的此下手用輕之工夫古云後手發矢前手不知覺也

論注法第五

注者。目力凝注一處。精神聚而不分之謂。與前審字相應。夫人一身之精神。皆萃於目。目之所注。神必至焉。神至而四體百骸筋力精氣俱赴矣。李將軍射石一發沒鏃者。以虎視石也。神之至也。故發矢時目力必凝注一塊。目注而心到。意到手到。發無不中矣。古云。認的如仇者。此也。此下手用注工夫也。然注與審不可分為二事。引弓之初。以目視的。是之謂審。發矢時以目注的。亦謂之審。總之皆用目力。原來二事。何為分審與注之名也。只為世人引弓時雖能目視的。及既發之後。筋力已竭。信手便發。無暇認的。精神散漫。發矢俱偏。故于句輕之後。復立一注之名。以提醒世人。使發矢時。目認的間一塊。或認的之心。或認的之足。與首精神手法俱向此一塊而發。故注之名。原為世之拙射而設者。善射之人。手一舉弓目力便審。精神便凝注一塊。自始至終。神氣精專。弓一發而句

輕以出矣何待引輕之後而注哉善學者不可不察

註釋

目認的間一塊

目認之法極活不可執一或隨風而変或隨弓之軟硬而変弓軟則認的之首弓劲則認的之足甚者弓劲風順則不及認的而以鏃頂半路者有之或弓軟風逆或頂則的手左手掌下者有之若東風則頂之左西風則頂之右甚者弓軟風大則認的之左右丈餘者有之弓劲風微則頂的之左右尺寸亦漸減東西南北皆然故頂風認的隨時而變不可執一斟酌在人也

捷徑門總結

審發句輕注雖為五段其實一貫審與注首尾相應○總之皆用目力審於開弓之時注於發矢之頃也○中間發字乃開弓之根本句者乃所以終發之力量而斟酌發矢之機宜世人言射只言發字一發便發大小左右俱不暇顧詎知發者乃發矢遠到之本非中的之本也發而不句發矢皆偏何取於發惟於發之後復引箭鏃句調浸進尒許斟酌既定而預為出矢

軽鬆之地。故有句之功。而發力始不虛。軽者乃竟句之機。而發必中節者也。上文句之時。矢猶未發而斟酌定矣。軽者承句之後而軽鬆以出。發矢必準。故有軽之功。而後句之妙始著。注者又合衆法之精神萃而歸之的。以終審發句軽之大成也。自審而發而句而軽而注。相通一氣。一審便發。一發便句軽而注發以達於的。捷於呼吸。猶人一身自頂至足。疾痛相關不隔一縷。而射之道盡矣。然有終身習之而不得其門。者亦足為拙射所惑偶入斜路白首難改猶學文者一入惡套。揮之不去。又猶學書者把筆一差。到老仍誤習料。若一更改反覺不便。此初射者斜正之門不可不辨。而下文辨惑之門所由作也。

武經射學正宗指迷集目錄

伯昏瞀人第　段

○二卷録紀効新書射法共十七段

量力調弓第一段

打袖只因把持不定第二段

持弓矢審固第三段

矢揺而弱皆因鏃不上指第四段

論發矢審於臨發之際第五段

射法審義與大學慮字同第六段

身法六忌說第六段

〇四卷雜錄古今射法遺言共十六段

莫患弓軟服當自遠說第一段

鏃不上指同於無目說第二段

前手攢隙不由不狠說第三段

息氣怒氣說第四段

百弩千弓萬彈說第五段

唐荆川纂輯武編蔑矢說第六段

稽迷集目終

武經射學正宗指迷集圈點凡例

一錄古人之射法為正文。每行高一字。條陳古射法之得失為註。每行低一字。

一錄古人射法正文中二句一圈者。射法之通行者也。一字一圈者。射法之精妙處也。以筆直其旁者。射法之瑕疵也。

一註中之一句一圈者。明其句讀也。一字一圈者。明射之吃緊處也。雙直其旁者。明射中之綱領處也。橫畫其句讀者。射法之轉折變幻處也。

揚修齡先生較定武經射學正宗

嘐城高　穎叔英父著
茂苑江起龍靖侯點次

辨惑門

辨惑序

初習射之人。挾弓矢升場。見彎弓角射者紛紛。人自多其能。賢否莫辨。真贗混淆。何異小兒入市。百貨具陳。燕石混玉。魚目混珠。烏知其非。見紛紛角射中有一人中的多者就以為善而學之不知若人之中未必合正法或者其人多力前手能強持而中或弓力勁銳偶然對的而中或日逐習射機熟而中或年少得意神揚氣旺得失不介懷而中或其人少有小慧獨創一見而中此總屬偶然非正法也今日用之而中他日守之未必中也此人用之而中他人學之未必中也偶也非可為訓也可訓者正法也夫正法者其引弓也骨節相對堅持岳立不可搖也其審視也

的如日月大小左右○錙銖不爽不可過也○其持盈也○浸進有節無停機也○其發矢也輕鬆脆裂無凝滯也○其欲射物也精神畢赴意思精專○利害不惕不可紛也○其道坦夷○如大路然○教人者可以循規矩法昭告於人○學法者可以由淺入深循序而進○如此則是○舍此則非○只有一條大路○皆出自然○絕無勉強矯拂之艱○如天之生人○只有仁義為正路○舍此即為旁門惡經○禍端百出矣○雖其學法既成之後○巧拙由人殊○而

初學入門。必須按法。安可舍此正路而妄趨歧。若初學之人。一見其人偶然中的。不辨真贗。遽爾學之。舉其隨態惡習盡皆學成。相習既久。病入骨髓。當初學時病根未深。或年少力強。引弓可發。猶可中的。習射稍久。病根一深。年力未及衰老。引弓必漸不滿。年力未衰而引弓不滿者。乃俗云毛病。非力衰也。年老力衰而引弓不滿者。空引亦不滿。對的發矢亦不滿也。若犯毛病而不滿者。空引則滿。對的發矢則不能中數必滿。此為毛病極難去。今人坐此病者最多。不能如前之多。倘其人無志而退委者。不思改圖不必論矣。即有志之士。欲變其舊習者。何從而學哉。嘗觀彎弓角射之人。其間合正法者。百不一觀。迨合正法之人。肯一見傾倒。欲立欲達者。又有幾人。安得其人而遇之。即遇其人矣。肯直言傾倒矣。彼犯病之人未必不以先入之言為主。孰肯盡棄其學而學乎。即肯盡棄其病而學矣。奈病根已深。猝難拔去。故有心知其法之善。而手不能猝學。心知己病之當去。而手不能遽改。纔一動弓。舊病立見。扼腕歎息。無可奈何。

辨惑門

平生壯志付之浩嘆而已○向使初學時○即得正門而入之○豈至此哉○初學射時即得正法○不犯不滿之病者○絕不知犯病之苦○聞言亦不信○惟犯病之人聞言始信○然不滿之病已深○亦不及改矣○惟初不知辨○敵為邪徑所惑○孰知誤之至於此哉○此辨惑之不可不早也○顛少好射○習章句時便有立功萬里之志○與人交便有披肝裂膽之懷○竊慕相如信陵之風○嘗讀其傳而悅之○以下皆述已平生犯病之由○改病之艱○并求法之勞○與守法之篤○弱冠時○輒與邑中善射者遊○而孫履正孫履和李茂修其選也○時與之

講道肄業而射日益進。然儼和之力居多焉。其人豪
爽慈惠。多大節。朴而能文。仁而能斷。穎深師之。敢云
友也。又有錢三持者。邑中先達賢豪也。征東大捷歸。
辛丑年間時謁其門而問業焉。得其射評而讀之。而
射日益進。猶不敢自足也。更與海上諸營士及三吳
射學者遊。有片長一善。必虛心訪問焉。數年間不避
寒暑。廣稽博採。歷試屢更。比十年而射法成。癸卯年
應試鄉舉。開弓破的。幾無虛矢。一時三吳同志者相

雅許焉。頗自謂有得。偶遇一名射江土入也。形貌偉俊。開弓迅發。應弦而中。輒喜而學之。孰知其法固可嘉。其病不能無也。肩聳而骨節不直。一病也。犯此病者。引弓心漸不滿。引弓一抽即彀。一彀即脫發。矢順利而啣勒不清。二病也。犯此病者。雖滿而雜齊。舍矢甚易而神不注。三病也。犯此者矣。大小不準。當時胸中真贋未明。學其法并學其病。此三年而病入骨。引弓日漸不滿。中的亦稍減。心知其非。未能遽改也。又三年癸丑應試京師。時頴年已四十三矣。縱觀九州及九邊列鎮諸材士挾弓馳射者緭集。

乃遍簡其尤者與之講究失得。無論射中之善與射中之弊。無不畢知。并善中之弊與不善中之美。轉展相因。根連蔓引之病。無不考竟。乃恍然大悟。欲一改舊習。忘寢食者五年。而病不能悖。乃益奮其力于弓矢。多方改圖。日夕不倦。又三年而筋力勞瘁。病所云不滿之毛病根益深。引弓益不能彀。變恠百出。胸中射法了然。奈兩臂之不爲我用也。時年已四十五矣。知病終不能去。又不忍棄置。於是更爲左射。以精驗之法訓

辨惑門　序　五

新意門

新習之手病未生而法備具比五年而機熟應弦命
中亦幾如意丙辰年又遊京師爲時論所推燕趙齊
秦之士雲集而觀其尤知味者率其子弟相從不舍
也然旁觀者雖曰善予心知其非至也何也左射者
後手弱不能敵前手之强弱不調彀矢終乖猶作
樂者琴瑟不調雖强鼓而成音不知樂者妄稱其善
終不能入鍾子期之聽也乃又更爲右射蓋喜右手
久不習射病根消而易改且不忍右手二十餘年之

功一旦棄擲耳乃遂大加更改以弱弓微弦滌去舊病者五年射始合法中微及遠稍亦如意然病根之入骨者猶存十之一二（不滿毛病）之時或鬧發其端中數亦不能如癸卯年之多而筋骸已漸憊矣嗟嗟頹令年已六十有六習射四十餘年始知受病之根而悔已無及使早能辨射法之真贋不為江上人所惑亦奚知流毒至此予身受其惑之害且又知去害之苦雖用苦功以去病而病根轉深皆從初之不辨失也

辨惑門

今天下好射者比比。誠不忍其忽于惑而不知辨也。辨而不及改也。故作辨惑篇以覺之。畧舉其惑之大者十餘條。詳示其由。其餘俟明者類推焉。

引弓潦草之惑第一

初學射之人。妄自引弓。不講正法者。初雖滿。後漸不滿。此必趨之勢。人所不解。入門一差。到老難改。極力用功者。不過三五年。不滿之病即見。以其用功勤。筋力易疲。故不滿速。不用功者。日逐不射。筋不即疲。雖多延幾年。然不滿之病。久後亦見。此病受過者。聞言始信而已。不及改。不曾受過者。聞言不信也。初射者。反以為謗己誤矣。予友陶成之者。

始犯此病。聞言不信。後竟不能改。悔之無及。其他一時同射之友。犯此病而不信者。如衛如馬如劉不能遍舉。嗟嗟。天下之未為成之諸友者。可以思矣

羿之教人射。必至於彀。今之射者。亦知爭言彀矣。然卒莫能彀者。人但知求彀而未知所以彀法也。得其所以彀之法。不求彀而自彀矣。不得其所以彀之法。雖竭力求彀能乎哉。或有勇力之人。勉強求彀。此僅

可發一時未必能永久故有朝發而暮未必發者有今歲發三四年後未必發者甚者一廻箭之中前四五枝可發後七八九枝即不發者此曷故哉彼恃力而發非以法發也恃力而發者筋力用事恃法而發者骨力用事筋力用事者前肩聳而兩臂皆低骨節不直此病犯之者十人而九雖有力之人引弱弓而手已顫射不及久而力已疲如何能發骨力用事者骨節相對前後肩臂平直如衡雖無力之人引勁弓而久射愁

新意曰

然不動此彀之所以易也故學射者可不求所以彀之法而徒云彀也乎哉所以彀之法云何學射之初將欲引弓必先數日以左手托在柱上與眉齊以後肩聳起與前拳齊令一人從旁將前肩向前下捲使前肩低於前後肩臂覺痛乃止數日內時時將前肩下捲候其酸痛既定大約一月之後方可以軟竹弓托在柱上後手提高引開候前肩下得極熟方可搭箭空引

引弓法

前後肩臂不止平直且使前肩反低

而前掌及後肩臂反高方是彀法以前肩易聳而前後手易低故初引時必須前肩反低方得平直若前肩不低僅得平直引弓既彀必然後聳能平直乎故前肩反低者矯枉太過方得合中道耳彀法既合骨節平直終日習射不勞於力既彀之時自能堅持不動遲速操縱無不如意既到如意地步則前捷徑工皆從此出若初習射時即便潦草引弓前肩一聳數日之後便覺安閑熟習全不費力一月之後機勢既得便能中的比前下肩法容易百倍而旁觀者嘖嘖稱美即自己亦以為射法之

妙資禀之敏。他人莫及矣。柳軌知前肩一縱骨節不直。日後一日專用筋力。開弓不三年而筋疲力憊。引弓必漸不滿。中的亦漸減。又三年而不滿之病益著。始之不滿者半寸許。今則二三寸矣。又未幾而二寸者將半尺許。此時百病俱發。終日習射無中的之矢。回視昔年初射而中的者已不可得。在明者或悔其初開弓之非。而已不及改。愚者竟托之命蹇。而猶不悟。豈不悲哉。此皆類所親試而親見者。悉衆非敢漫

言歎世也嗟夫潦草引弓之惑一至此初射中第一大惑○故首舉之以示智者採焉○

練意門

郊射太早之惑第二

骨節相對○引弓雖合彀法○而射法尚未演習○手法身法審法落然○若遽往郊射○精神外騖○無暇致詳於手○百病萌生○而不自知矣○故引弓合彀法之後○必在藁砧上演習○體欲直○胸欲歛○兩足欲站立得穩○俗云前如折後如極者非也○何也○發矢在手○與足無與也○但不必蹲倒作態耳○頭不欲仰惟向前側視○以目稍從箭桿審出以之的可也○以上言大槩體勢○以下細言引弓發矢特之體勢「引

弓時先將矢搭在弓上前臂番直朝地前肩蓄下摟勢前掌托實弓心（托寔時先將後手提緊弓絃而後將前掌托寔弓心）胸愈欽腹愈腱足愈直貼愈穩方將後肘向上從後一提前手自肩而臂而掌一齊俱直托出向的豈非前後肩臂平直如衡乎（直肩臂法有口訣筆難畫）故不期發而自發矣

發矢時前肩下摟已極于實送前掌注的後肩從高平瀉大撼前肩從下（下者前肩前掌達向前下摟達上上也）力從前掌而出後肘從高瀉下（後肘下後拳切不可下若後拳一下前肩即降）力從後

拳而開此時光景勢如常山之蛇盤旋而引此有口訣筆雖
盡矢鏃浸進。毫無阻礙。前後手勻輕兩開。此等工夫
全在橐砧上磨出。亦必得二一知音士更相互看。迭
為切磋。乃得入此妙境。一部射學妙理。若初射時。即
往郊野演習。心初神散。惟務中的。何暇深求其法。今
人不由橐砧演習。遽往郊射。惑矣。

註釋

前肩自下達上　出箭時。前肩必須自下達上者。以前肩之性本易聳。前臂之性本易

垂。只因欲直骨節。故引弓之初。強將前肩極力下捺。向前蓄直。前拳亦極力骯起。引弓既彀時。矢雖未發。臂力已盡。前肩必然有瀽聳之意。前拳亦瀽有下垂之勢。安能到底。前肩不聳。前拳起骯者乎。故發矢之際。愈加注意于前肩。必欲從下者。以殺其瀽聳之意。達上者。達其拳向上出矣。以殺其下垂之勢。則矢發方浮越揚遠到耳。拙射不能用到底工夫。初開弓前肩則下捺。發矢時則瀽聳。故矢不及遠。

妄射藁砧之惑第三

人亦有初習射而演藁砧者矣老而無成何耶盖藁砧雖學法之具亦入迷塗之具也故學法而射者得盖其捷不知法而妄射者取害尤遠也何也射藁砧者一日可發數百矢在家射藁砧一月可當郊射十日之功是以學法而射藁砧者合法愈熟去病愈遠不一月而法機熟入門既端將來漸入巧妙皆基于此不學法而妄射者此非以學法也學病矣不一月

新意門

而病機熟入病愈深去法愈遠矣一日之誤遂成終身之惑可忽乎哉是以虛心好學之人世亦有好學而不虛心者守定一隅之見一聞善言不審理之是非自以為是者若人更無上進之機矣雖天資敏妙不敢私心自用必以審彀勻輕注之法日嚴諸心行住坐卧宛然心目而後對蘖砧端立搭箭引定不發必極於彀前肩下捲兩臂平直熟視蘖砧心一塊少頃而弛弓一日之間如此數百次須十餘日前肩下捲熟習不勞而定此為練肩審視詳明舉目便見蘖

砧中物不為弓弛所障此為練目前拳榁弓五指平妥不論滿把與鷹爪俱要虎口平仰有口訣彀時矢鏃引至弓弛中間指不礙鏃掌根手心均貼實安妥此為練掌前後肩臂平直一引便彀一彀便齋堅持不動此為練臂如此又十餘日此射家築基法也以上只言引弓法射學根本全在引弓滿固故日築基築基固而及遠命中特易事耳築基既定然後向藁砧發矢其法必俟引弓彀時前肩下撲得十分堅實方能從下達上送前掌托出後肩及肘從高平

鴻向後背而止。是謂發矢法。發矢時後掌心須向前拳。切勿用絕法。恐激動機神矢發不準。掌心向前拳。無名指小指須極力緊收不撤。發矢時中指開。只用食指大指直開。方捷疾。務使審發勻輕諸法。熟習巧妙。後手一提便發。一發便勻輕而注出。如駿馬下山坂中間實有駐足之地。爭如此百日箭發順利而如意。藁砧之功方足。乃可向郊野演試。凡習射者。在藁砧上雖合法。在野外則射法俱變。所云演者。演藁砧上所習之法也。使郊野之射身法手法與藁砧上一様方是習射之正法不隨世俗妄射之惑矣如此檠砧上習射工夫比世人之難不啻百之然一勞永佚終身巧妙不煩費力故云不隨世俗妄射之惑今人不肯學法弓一到手便往郊射只圖立刻郊就中百病交集如何中的所謂欲速則不達也演而或變則又向檠上溫習射法溫習而無弊又復試之郊原再溫再演不厭煩瑣必求合法而中在其中矣頴嘗誨人習射只要合法不急求中人輒曰高先生誨人只要射一个法不要中者何如我輩只要中的不必拘拘於法乎嗟嗟何不思之甚也夫不必

法而中者○此偶中不可訓也○何也無法而中者○久射○機熟故中機不可執無法可守久不射則機窒不能中矣或臨場得失介懷則不中或臨難喪膽則亦不中矣故曰偶中予所謂不求中而求合法者法合而中存不求中而無不中者也此中非偶也如以畢言為非是則孔子祿在其中之意非與

早射勁弓之惑第四

今人亦有射藁砧而合正法者矣。然多歷年所。而引弓時前後臂輒動搖。此又何也。射勁弓太早耳。初習射之人前肩雖下捲而未熟。骨節雖平直而猶疎。若遽用勁弓前後手為勁弓所制。竭周身之力發弓且不給何暇用力洩下前肩。何也。初射之人。骨節俱僵。欲下前肩已極費力。若用力發勁弓。必無力下前肩。前肩未下骨節俱虛。引弓安得不搖。發矢又安能準。

故初射藁砧○只用鋪筋軟竹弓約三十餘斤百日之後○射法漸熟○弓漸勁○日增倍之○俟下前肩熟習之後○骨節自直○直直○則生力○熟○則生勢○雖無力之人可彀勁弓○況強有力者乎○此行遠自適之理○予誨人射[illegible]不由漸而入○人多嫌其太遲○而不知始之徐徐者乃其所以速○而世之欲速者○正其所以遲也○彼偏見者輒曰弓勿用軟○初射而用弓軟○遂成痼疾○終身不能用勁○此說非也○予闢之曰○信如所言○今人教小兒學步

者循墻而走則終身便不能急趨乎闊者大笑或曰用弓當自軟而勁矣○後手羈弦亦當自單搭始而後及雙搭乎○曰不然○単搭只用食指羈弦而力小○雙搭用食指中指羈弦則力大○力大愈於力小明矣○世多用単搭者○以単搭發矢鬆而雙搭差鈍耳○若使雙搭只用中指第一節之半○搭在大指○而食指仍用単搭法脫弦時中指用弦法極力收緊而大指食指盡力直開則得勢而脫弦鬆脆○與単搭無異○且控弦有力

新意門

而閑時不犯雙搭之遲鈍則雙搭賢于單搭遠矣

郊射用大的太早之惑第五

射藁砧之功既盡○射俱合法矣○而郊射對大的則不能合法射輒不中○何也○用大的太早耳○初射之人○遽用大的○見為易與○好勝之心一生○數矢時精神俱馳鶩於中的○何暇顧其身法乎○身法一亂○則目審肩臂指掌之法俱亂○安能中的○間有精心謹密之人○亦知簡點○然欲中之心豈能盡去○一身之間○未免顧此失彼○增一分勝心○精神亦增一分外馳矣○外馳之心增

一分簡點射法之心亦減一分矣。豈非用大的太早乎。是以郊射之法，始初不用大的，只用大竹稍一根（竹根恐傷箭，故用竹稍耳）長六尺，以尺布為旗以為的。的小則求中之心汎，精神常聚于手。所云審彀勻輕注法。合與不合之由，可以潛心簡察矣。察之而法漸合，病漸去。久之而法熟機生，隨手迅發，皆中規矩。小的可中，況大的乎。與用大的太早，或惑宜辨也。射法既熟之後，團的只宜合式（六尺闊八尺高為準）為準，不可過小，皆平時常

用小的場上忽見大的考官前為場上以為近而忽之視遠

若近發矢必小故居常用的以合式為準

新意門

前拳握弓徒緊之惑第六

初射始用小的。演習得法。是宜中的矣。然發矢忽有左右大小之偏。此又何也。則前拳握弓徒緊而未得其竅也。大抵射學工夫只有三大端。始焉引弓欲彀。中焉浸進欲匀。終焉發矢欲穩。彀之根蒂在前肩之下捲。匀之根蒂在後肩之旋運。穩之根蒂在前拳之把握。前肩後肩有不合法。其形立見。人易知而改之。猶人患外症。藥石可攻。鍼砭可施也。惟前拳握弓之

射意門

病隱在掌心無形可見猶心腹之疾人不易知初學
者亦不自覺何從而改孰知握弓不要發矢皆偏左右
大小縱使外貌得法而中的者寡矣是謂一惑而喪
百善可無雜與也夫握弓之法莫善于搭箭時將前肩
臂向前靠直朝地後肩臂從高提緊就將前掌根托
實弓心次以小指無名指緊握弓弝而食指中指屈
曲附緊于弓不必用力發矢時與大指一同直又對
絢知無弝握掌根雖定而虎口不仰失不患大虎口

雖實而掌根不虛。矢不患小。小指無名指握弓雖緊，而不患撇左。以掌根實也。食指中指雖不用力而直叉出，則不患偏右。以出矢得勢也。如此握弓為第一法。人號曰大鷹爪。（大指食指中指開叉口為虎口。手掌與中指無名指對直者為掌心。與小指對直者為掌根。世人誤認掌心為掌根。若握弓時掌心一實。虎口必仰。矢出插天而大矣。惟以小指對直處為掌根。此處一實。虎口便不能仰。必然直叉而出。矢出方穩。）若不講於此，而妄自握弓，虎口或緊而掌根虛，則矢垂頭而小。掌心實而虎口仰，則矢插天而大。前拳五指俱握緊，則用力

新意門

太過必撇出而失偏左○恐其偏左而不敢撇○則出無勢而又偏右○縱合審彀勻輕注法○發矢一偏○百法不驗○皆從握之一字失也可不辨與○滿把犯撇病者極多○五指俱握緊為滿把小鷹爪次之○以食指縮起只以中指無名指小指握弓為小鷹爪犯握弓妄緊之弊而莫覺○庸愚之人既不能深求其故○間有粗豪好勝之士○又以欲速而不暇察○見發矢多偏○遂以審彀勻輕注法為無用○謂射不必學法○嗟夫是固噎廢食矣○

手掌圖

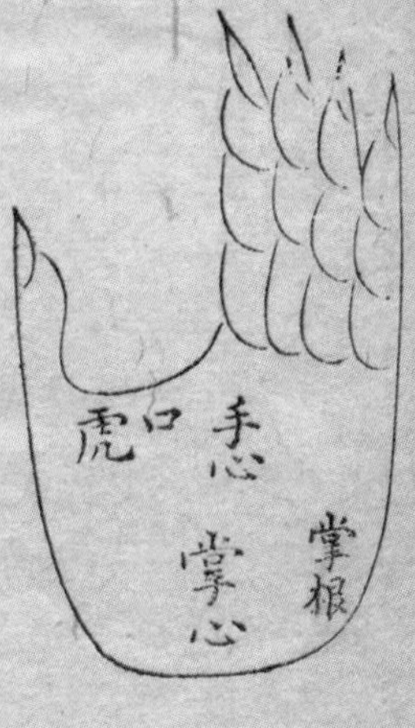

習射作輟之惑第七

前拳握弓既穩○自宜舍矢破的矣○然有始初演射便能中的○人服其敏○乃歷春而夏而秋而冬○中数不加○今歲不進○来年復然○時序推遷顏髮幾改○而射猶夫人者○何也作輟之過也○夫水不流則腐○器不用則蠹○人之精神不淬勵則昏○肢體形骸不動行修練則脆弱而無用○況射者發捷于指掌之間○中徹於百步之外○甘苦疾徐之機○得心應手之巧○非精氣凝注形神

淡泊者不能到若以作輟之心乘之手與弓不相習則法滯法滯則機死機死則巧不着何以破微于百步之外哉故能洞的于百步之外者其氣魄光焰常蓋數百步者也精氣能蓋數百步者必其操持遠大旁若無人能吞吐一世者也豈作輟弛廢者所可能哉故善學之人舉審彀勻輕注之法辨之既析行柱坐卧宛然心目郊射演試必合窽會衆人喧嘩我獨靜思含失雖多無不請認今日增何法去何病明日

更當進何法去何病寸累銖積精進之功新與日俱相習滋久機神自暢巧妙之來發于骨髓隨其意之所投無不中矩而命中之枝在是矣昔李廣在軍中飲酒遊戲必以射為快心劉錡握兵暇時常射矢窒水桶隙更拔而更射中之岳武穆學射于周同盡其巧而後已同死朔望為之致祭古人好學之勤下人之專用意之厚所以卒成名將聲施到今非偶然也今人學法未就便思命中稍能中的便欲棄置卒之

弓手齟齬艱于中的反不若不學法而好射者機熟而多中也語云巧生不如拙熟此之謂與或曰拙而熟反勝於巧而生則不習法者多射亦可中矣奚以法為曰不然不學法而中者機熟也學法而中者紀律也機熟之中由於多射其中〻于偶然不識不知者也其中也不知合何法不中也不知犯何病即使久射機熟一臨利害中心無主機不知何處去矣故終身習射總為瞎射學法之人百法俱備百病皆知

胸中利弊了然○其中也知合何法○其不中也知犯何病○即有中的之矢○亦知其犯何病○以幸合何法而不害○雖中不為全美○亦有不中之矢○知其合何法○以犯何病而不救○雖不中不為全非○見一善知遵而守○見一病知戒而改○善日增病日改○射之精也○可計日而待○縱久不習射○亦可計日而溫○或臨利害○中心有主○手法不亂○其合法者固已中的○稍不如意者亦離的不遠○所謂節制之師○能大勝不能大敗者也○不學法

之射猶無紀之兵不大勝即大敗者也○此學與不學之辨也○烏得以不學法之熟而多中○遂謂不必學法乎○但學法之人○亦宜多射○不可作輟○以致生疎○即后羿亦難命中后羿之善射寧獨資性過人哉要亦好射中來也孔子大聖猶欲假年以卒學○況其他乎○

信道不篤之惑第八

學射而不作輟。宜巧妙日生。樂善不倦矣。乃又有躁進之人。嫌法無速效。好勝之人。評法為無奇。忽趨他途而不肯率由正法者。何也。信道不篤也。歷變未周之人。邪正未分。識見未定。與之圖事。必然中變。幸而有不變者。必其人寡交索居。耳不聞邪説。目不觀匪人耳。倘一遇暗淺執拗之夫。道以可喜可奇之功。何苦守法而不變乎。初習射之人。偶遇先輩授之法。胸

教惑門

無定見信而學之寔未嘗見吾法之必善安能信他他法之必不善乎況正法猶大路然多坦夷平直無新奇可喜之說將來得益雖鉅其初入門必以序漸升而無速效故一見旁門異說道以省便之功歆以旦夕之效用力少而成功多孰不欣然學之況旁門異說能歆動人者其初亦有小效但後來之害中入骨者一時未見安能禁識見未定之人不盡棄其學而學乎不三五年病根漸深醜態漸露新學之捷法

既不獲效往時之正法，又不可追，而病根之入骨者，卒未能捄。（骨節不直，引弓不滿之毛病。）豈不深可惜哉。是故欲以法授人者，必擇明道孝謹之士。（明則能辨，不為邪說所惑。孝則不忍忘本。謹則不輕與之。講射論德，則砥礪漸磨之久，得力扵扵從人。）射者必深而相資於德業者，自遠立功圖事，寧有既予，此必不可得者也，上也。其外莫若擇射稍久之人，因而求伸者。與之言射。彼于射中利弊，亦已備嘗。授之以法，必覺今是昨非，而守之不失矣。然其人學射

射學問 信道 二七

既久。病入已深，雖知吾法之善。未必能遽改。第無中變之患耳次也。又有愚昧之人。以先入之言為主。而天下無復有是者。此必不可入堯舜之道也下也。嗟夫上智之士絕少。次者亦不多見也。得其次者而可矣。況其上者哉。

私心自是之惑第九

得法而篤信。固可進於道矣。然惑病生於不測。而不自知。只覺控弦無勢。骨節不妥。審注未明。發矢多不如意。此又何也。則以私心自是。不思虛懷訪問。離群索居。而乏箴規之友也。夫至勇之人不能自舉其身。至明之目不能自鑑其形。射法胸中雖已昭然。而身之形跡狀貌。手之合法與否。已不得見也。則習法之久。偶失簡點。勢不得不趨于弊。控弦決機之須。彼雖

[illegible]意門

自以為法○旁人見之則非法也○彼雖自以為非病○旁人視之則病也○旁人之明非必過於我也○旁觀之清不若當局之迷也○故得法之射○必賴二三同志之友○更相鑑戒○見己之所不見○言己之所不知○乃可去病而守法○己亦須虛心詢問○時為體認○然後病根可去○法為我有○若少有自足之色○忠言不聞○馴至病根一深○離法漸遠○始○雖○不○覺○而○偶○犯○既○焉○則○以○為○常○終○焉○則○以○為○故○矣○痼疾一深雖痛加更革○勢必無及○痼疾受過

者方知改病之○若況射中之病比法百之○故曰一法立而百弊生凡事皆然○不獨射也○兵家不能盡知用兵之害、者○必不能盡知用兵之利○故欲盡守射中之法○要可不求射中之弊而盡去之哉○然射中之弊難以邈舉○只是守法而已○射之正法○猶人身之元氣○元氣不固百病不入矣○良朋之言猶對病之藥居○藥居一入百弊可消矣○百弊消而元氣固○正法可常守矣○養生者不可廢藥石○習射者可去良朋乎哉○或曰羲集之射學○但言其法○未嘗言病○良朋爲得而知之○曰法可言而病則隨人而變○因時而形者也○要能預擬○若臨事而見之○當自有對病之箴○筆不能盡○數曰書不盡言○言不盡意○非不欲言也不能耳○惟能得之言外者○真良朋也○

不辨風氣之惑第十

虚心詢問。百病消而百法備。是可命中矣。乃一遇風塵四起。矢不免有左右大小之偏。此又何也。則不辨風氣之故也。夫風有大小。又有四方之殊。氣有燥濕。亦有四時之別。夫射而止於數十步之内。弓矢勁鋭。風氣不能奪。即不辨可也。若四十步之外。射漸遠則矢力漸弱。大小左右皆為風氣所使。此而不辨發矢皆偏矣。大抵春氣多濕。夏氣多炎。秋氣多燥。冬氣多洌氣炎濕則風和氣燥洌則風勁此其大槩也然四時之中又有寒熱不常則就一時之中亦有燥濕炎洌之氣風亦隨之以變矣燥洌之風勁矢遇之而多偏炎濕之風和矢遇之而少偏且風勁則弓亦勁發[illegible]遠風和則弓力弱發矢常近故善射者將欲發矢必先辨風氣東風則發矢宜頂的之左西風則發矢宜頂的之右對面風則發矢宜頂的之首背後風則發矢宜頂之足而頂之多寡一因弓力之強弱不

齊與風氣燥濕寒冽大小之不同而為之參酌變而通之存乎真人不可執一故曰運用之妙存乎一心

識見未充之惑第十一

風氣既辨。𤼵矢左右大小宜如意矣。然或當得失死傷之際。便爾色變。不能自持。又何也。則識之未充也。夫得失之地。莫如應試。死傷之地。莫如臨敵。人惟識見未充。當功名之場。便嘗得失。臨戰鬬之際。便憂死生。得失死生之念。薰灼于心。不覺神驚氣奪。何暇持弓審固乎。王坦之倒執笏板。殷深源竟達空函。皆此念也。若識見遠到之人。謂功名富貴過眼浮雲。唐

釋慮門

虞揖讓祗同杯酒。湯武征誅猶棋一局。況藐小功名得之未必非禍。失之奚必非福。與其任極人臣而戚戚。何如一丘一壑而肆志哉。見誠及此又何得失介意乎。至于臨敵遇變。益不足慮。古人謀定而戰決機雖在臨事。勝權握于事先。故曰勝兵先勝而後求戰。又何色變乎。若使果遇大敵。蹈不免之禍。丈夫既以身許國。馬革裹尸壯志已畢。又何足患。況大智之人。必能上知天。下知地。中知人事之機。可為則出身以

殉國時不可為則明哲以自全彼其出身以赴難者
必其才之足以報稱者也決機應變胸中自有定衡
當其持弓自能神閑意定斟酌而出動中機宜者也
又何倉皇失措乎昔孔子射於矍相之圃觀者如堵
晚以修身好學之道且曰用以臨民則順治用以戰
陣則無敵夫射一技也孔子以臨民戰勝之畧在是
則射之道廣矣大矣射之巧信非大識之人不能持
矣彼未能充其識而習射者必其射之未精者也能

[illegible]

精於射者○疱生利害不能動也○然欲精于射者盡于識充之哉○世有鄙其射為不足學者○未足與語識也○

涵養未純之惑第十二

又有平居習射偏能中的或當分曹角射時榮辱共覩未免競持失其故步此又何也則養之未純也夫射之一技根於靈性其舉止動盪張弛發縱之機緘實一身精神心術之所着也膽勇氣魄之所沛也貧富壽殀于此乎瞻事業功名于此乎卜聰明智慧器識度量於此乎顯故引弓迅者心必躁持弓固者慮必沉未發而先思發者殀之徵也已發而熟思凝視

者縝密之士也發矢剛毅者果銳而明敏雍容和平者寬柔而雅素欲發不發比發而不中節者猶豫不斷者也忽左忽右大小無常者蒙昧而乖張者也變性百出莫知其端者浮滑之徒偃蹇滯澁宜脱不脱者困阨之士始引則是發矢忽乖張者老而貧蕩蕩無忌疾滿而速出者少而顯發弓急促而發輙中節者飽腹而無餘未發而急發巧中而不繼者始饒而終儉又有發弓似穩而不固矢發順利而無味者庸

常貧薄無疑又有滿手皆病自以為妙而視天下無一足法者暗淺鄙陋没齒無成可知夫人品之不齊雖不盡然而其大畧已自可見此射所以為觀德之具也古人論射以其容貌比於禮節奏比於樂禮也樂也非有德者不能為也而射與之同條共貫故欲精於射者必務養其德也欲養其德惟在於度〻量弘而人已之形忘勝負之心泯分曹角射勝固欣然敗亦可喜猶東坡之奕也又何過為孰持而失其度

乎又在養其膽々者勇之決也膽不足則神寒居閑且餒當局必靡膽旺之人果而銳健而能久百折不移奇險不能懾是伯昏氏之射也曾何利害之足以動心又在養其氣々者難持之物也盈則驕餒則怯驕者神奮而躁怯者神短而懼躁者發矢多大而無當懼者多小而偏斜此善養氣者貴和平而不撓也所謂木鷄之養者此也夫度量之弘也膽勇之壯也氣局之和平也皆射之所托以行其巧妙者也舍

此三者而徒言法，豈為其所用哉。彼射而不知法者，固不足道。知法而不托根於三者，法固不靈也。此射之大惑也，不可不辨也。

辨惑總結

夫射之惑非止一端○而僅舉其十二條者○此皆相承相倚○射中必趨之弊○惑之大者也○有一於此必且以誤戕誤弊端互起而射法紊○猶植嘉穀者○惡草不除○勢必蔓延而嘉穀嚴○故善植嘉穀者必先盡去害苗之草○而嘉穀自茂○工於射者必先盡去迷心之惑○而射法始純○況射之巧至微而至精○發於心而應於手○胸中少有所惑則心無主而神搖神搖則氣餒而機

沮機神搖沮䘮失皆偏。雖有巧法無所復施。此惑之不可不辨。而辨之不可不早也。辨之早而去之盡。滿腔之中無之非道。日習巧妙勿助勿忘。手舞足蹈皆中繩墨而機巧自生矣。故曰樹德莫如滋去害莫如盡。知此者可與進道可與語射矣。

辨惑門中卷終

下卷擇物門

入門正宗目終

楊修齡先生較定武經射學正宗

嘐城高　穎叔英父著
莪苑江起龍靖侯點次

擇物門

擇物序

夫工欲善其事，必先利其器。器械不利，良工無所施其巧。寧獨無所施其巧，抑亦不能不生其弊矣。況射者，衆巧之門，百弊之府也。使弓矢不調，縱有落鵰貫風之技既施其巧乎彼習射而不知辨惑者固不足道即使惑辨矣百病皆消矣設以不調之弓矢畀之則弓手不習強弱不和手之性既與弓抗多之性又與矢仇當控弦彀弓時已齟齬而不相合况弦之短長大小懲其制措機之高下厚薄失其宜又安望矢道同的應弦命中乎此非射者之過也弓矢機弦之過也亦非弓矢弦機之過也不擇之過也此擇物之章所以繼辨惑而作也

弓力強弱宜擇第一

因弓制矢。量力調弓。此不刋之典。今好勝之人。喜用勁弓而不顧力之不稱。退怯之人。過用弱弓而不顧矢之。不能及遠。皆非也。夫弓之強弱。必須量我力之大小。然力有不同。有臂力。有腰力。有足力。各有所用。足力能致遠。腰力能負重。與射無益也。惟臂力多者能引勁弓。大率以百斤為準。空引弓能數百斤者射時只用五十斤。大約用力十分之五。不可過竭其力。

寧過于軟○過勁則非矣○盖用弓過勁則筋力為弓所束縛○操縱緩急不得如意○安能盡射法之巧○此弓力之强弱所當擇也○稱弓法以弓置地上○以足踏定弓弝于地○以稱鈎弦稱起○將箭鏃頂在弓弝上○稱起弦至箭根齊○方可言彀○而知弓之重輕○用矢輕重法○在後第八章○

弓套長短宜擇第二

弓之長短不齊○則力量亦因之而異○長弓之力量長○故能彀長箭○短弓之力量短只能彀短箭○不可紊亂○如使長弓而用短箭○箭〻已彀而弓力量未彀○如此而遽發矢則不能及遠○且弦口鬆○箭發亦不準○且弓而用長箭○則箭未彀弓之力量先彀○若復過引○不惟弓之筋角易斷○且肩臂骨節為弓所局○不得展舒其巧○發矢烏能如意○是以人長則臂長○而弓矢之長亦稱

之人短則臂短而弓矢之短亦稱之此為定論或曰有短人喜用長弓長人喜用短弓奈何曰短人臂短而用長弓者必須勁弓勁則弦口急雖未能彀弓之力量只以臂骨盡處為彀彀矢亦準故短人欲用長弓者勁則無妨矣若長人而用短弓〻力量已彀強欲過引須用軟弓然弓軟彀矢不遠何取於短但人長而無力若用長弓而勁則不能彀用長弓而軟恐弦口鬆彀矢不遠欲不得不用小套弓耳酌權宜之

術可取小圈套弓式畧故長二三分或半寸許方可適用。若竟用小套弓。勁則難彀。軟則彂矢無威。不能及遠。斷不可也。

弓之材料宜擇第三

昔唐太宗取良弓数十示弓工。工曰非良弓也。木心不正脈理皆斜發矢多偏。夫以良材為弓。而心不正猶不得為良弓。況弓之材料筋角竹木連合四者而後成。有一不善。必不相調。可不擇乎。令人擇弓只取外面色澤光美。而不知弓之大病在胎。弓稍次之。角次之。筋膠又次之。弓胎竹須乾透者可用。本地竹行中竹新嫩者不可用。何也。竹乾久者。性堅剛不屈。作弓胎多有還性○新嫩竹性柔○作弓胎則弓聲不清○鎮江弓○弦口聲清者○非獨做法佳○以鎮江一路弓胎竹○皆江西粮船帶来○隔年乾透之物○絶無近地竹行中竹故也○若江西竹不可得○不得已而用○竹行中竹者○須去頭段三尺許○以其節多○故不用○只用中間五六段○其餘竹稍不可用○又須陰乾五六个月後○方能剉性不屈○燒去竹油多去黃而少去○青胎欲極薄如錢○取兩頭竹節相對○則上下勻調○此擇胎法也○弓稍須

用柘桑○勿用沙桑○以柘桑木紋細而堅○沙桑木紋粗而鬆故也○兩稍俱要一色相配○木心與木心相配○皮與皮相配○則性和同而發矢平直矣○弓稍體式須細小○不必粗大○小則銳而捷○粗則笨而緩○弓腦須堅勁穩實○不取薄而狹○薄則發矢無力○狹則活而易滾○但不可太厚而過濶○又不可太鈎（鈎灣曲也）而致滾○畧圓而不必太直○方為定準○若太稍弓下插袋者專取穩寔為主○稍不妨于大○腦不妨于厚○但不宜太過○大約

擇物門

稍與腦或軟或勁○俱要與弓弝心相配○此擇稍腦法也○角面須出廣中者○[illegible]不可必滑○只取老而黑○勿取嫩而黑也○粽紋者爲老○細紋者爲嫩○白色而老者次之○黑色而老者爲上○凡弓之最劣者○兩頭角面一老一嫩○始雖上下相合○後必相欺○打滾歪斜之患生矣○角面又不取太長○太長則腦活○活則發矢無勢○且不準○而腦上角面又易起紋○令人見角面長大○便以爲材料富而愛之誤矣○此擇角面法也○筋不必過多○

多則易滾且射時快弓或失力不透筋亦易鬆若筋過少弓力又易疲矢發不遠故筋角必相對配者佳大約弓六十斤者筋用二兩五錢軟弓三四十斤者筋用二兩筋骨細而白者為佳粗而紅者為下細白粗紅俱指絲筋時言鋪筋法須刷得筋平妥紋直者佳膠須用麻布絞得細膩白淨為美黃魚膠可用米魚膠不可用薄而白者為黃魚膠粗而白者為米魚膠不粘薄白粗白俱指未煮時言之非既煮時有薄白粗白之分此擇筋膠法也

挑盤體式宜擇第四

弓材料雖擇○而挑盤不勻○亦不適於用○然挑盤之法妙在一心○良工秘而不傳○雖忌心使然○亦不學無文○未能筆之書也○能學而善書者○又未必工於挑盤○此法所以不傳於世○邊疆重鎮造弓者不一其家○工於挑盤者不過幾人○而最精者未聞也○頗少好射○因好弓矢○見工人所造多不如意○乃講求其故○良工秘而不言○拙工雖欲言之而不詳也○於是訪工之最良者

與之言○雖淂其槩而未敢盡信也○又約諸同志者出資買材料○同工人親造而試之○乃淂其詳○又恐其未盡善也○遍訪良工而察其利欵○考其規制○必極其變而後已○予少時以好學之心好射○中年推學射之心學弓○滋久乃淂其巧○大抵射之巧在手而心爲主○挑盤之巧在目而手爲主○心爲主者以神運也○射之所以難也○手爲主者以形用也○挑盤之所以易於射也○新弓上弦時○以膝揉其上下之勁處○使之勻○調然其之盤弓○看弓之上下硬處銼而去之○謂之挑盤○

巧妙筆不能盡。太要惟在目力審視之無偏。弓之上下軟劲句調謂之無偏右手運斤之句調而已。以下皆言挑盤法夫弓之體勢猶人一身然。明於身之理而挑盤之理在是矣。故弓有底有弝眼有脇有腦有違和。弓底者猶人之心也。弝眼者猶人之腰膂也。脇者猶人之兩臂。腦與違和者猶人之兩拳也。心者性之所發也。人之性貴於剛中。故弓底須中和。不宜太薄而下墮以失之柔。薄則底軟而下墮。俗呼曰鍋底弝。犯此病者發矢不遠。亦不宜太厚而反実以偏扵剉○太厚反突者俗號突底弝。犯此病者不惟彀弓難。發矢時弓激手。惟平直微勁者進○腰膂者周身之力之所發也○故弝眼不宜微弱○弱則弓腰傾折而無力○不宜太強○ゝ則弓腰板勁而欺底○須壯勢活潑與弓底強弱相稱者進○人之兩臂所以達其力扵拳者也○欲捷而銳○故脇不宜太大ゝ則無力○太大者。俗號靠腦脇者此也。犯此者發矢無力。不宜太小ゝ則弝眼易傾○小者俗號靠弝脇者此也。犯此者弝眼易折必須脇在弝眼外半寸許者進○既不靠腦又不靠弝○脇道勻調○與弝腦相配○

裝矢方鋭。人之兩拳者所以致其力於搏擊者也欲其猛而剛。故腦不宜太直。直則無勢。不欲太鈎。鈎則易滾。而但期於圓。圓則外向捷而達和自際。弓稍內寸許名達和。弦口急而裝矢遠到。此挑盤之大槩也。是以良弓體式必期弝底平勁。弓心為弝底。平勁也者。不太實不偪折也。弝眼與脇道勻調。弓弝外四寸許為脇道。弓心與兩腦相應。弓面上角木相接處為弓腦。弓雖弱而弦和鳴。弦聲响喨。急為和鳴。緊性雖勁而底掌不悖。弓性雖緊急勁鋭。然挑盤勻調。弓之底與人之手掌。相和而不悖戾。巧妙之妥。是在

良工之一心○

大小弓體式圖具於後

小稍弓體式圖

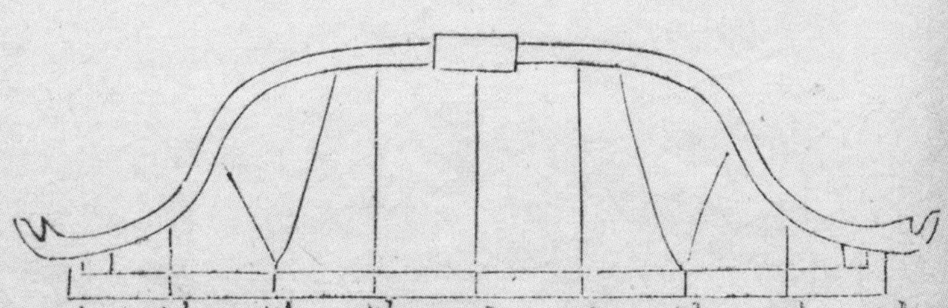

此名遠之和。弓臉既圓。則遠和不宜太鉤緊。緊則易滾。

此名臉。不宜太鉤而易滾。亦不宜太直而無勢。只宜圓而板寔。

此名膀。不宜太大而靠臉。亦不宜太小而靠弝眼。

此名弝眼。不宜太厚而欺弝心。亦不宜太薄而易折。宜微勁與心相稱。

此名底心。不宜太突而欺弝眼。亦不宜太軟而反折陷。宜平而勁。

此名弝眼同上

此名膀同上

此名臉同上

此名遠和同上

大稍弓體式圖

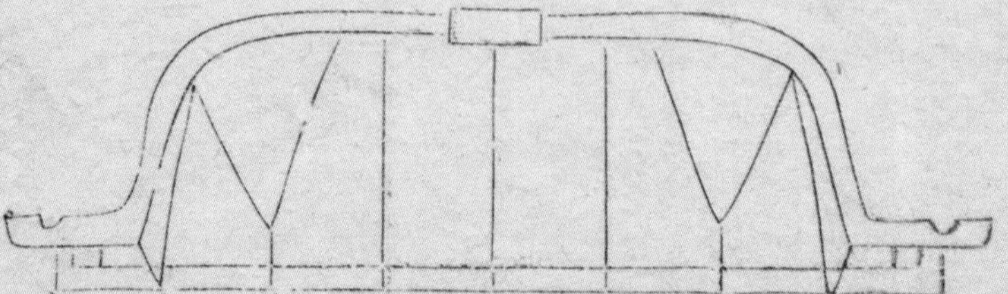

大稍弓無違和。只宜直而已。

弓腦。大稍弓腦既大。弓腦宜厚。薄則發矢不遠。

弓脇。大稍弓脇大。弓宜用勁。則矢方遠到。最軟者亦須四十斤。

弝眼。須勁不宜太軟。太軟則易折。與弓弝弓脇相稱為佳。

弝心宜微勁。畧高于弝一二分。不可太突。太突則難彀。發矢激手。

弝眼同上

弓脇同上

弓腦同上

大稍弓違和宜直同上

「大約小稍弓。以腦鉤故矢發能及遠。雖三十五斤者。亦能中的于八十步之外。若大稍弓。腦直脇大。又無違和之弊。非四十斤已外者。不能及遠。最軟者須四十斤。不比小稍弓雖軟亦可以及遠也。

弓弝大小宜擇第五

弓弝不宜太大，恐握之易際○發矢時○常犯撇病○撇則矢易偏於右○弝亦不宜太小○小則難握○弓彀發矢時○常犯括臂之患○與其過大，寧過小○須得中為妙○盡握弓之法○掌根得力而寔○無藉于指之力○自然不用大弝○惟握弓不得法○掌根不實○必須指上用力○若弓弝小指握不能際○撇出無勢○必然括臂○故不得不用大弝撇出○雖免括臂之患○孰知矢易偏于左乎○此用大弝者非也。善射者貴用小弝，而不貴大弝者，非弝大小有貴賤，以善握弓者手掌寬，故不必用大弝。惟不善握弓者，手掌不知寬法，故必用大弝。掌根寬者，發矢平直；掌根不寬者，發矢多偏。貴賤在掌根之寬與不寬，不在弝之大小也。拙射不知求寬掌根之法，但慕弓弝小之可貴，則誤矣。弓有一種臂曲前突者，弓弝若小，必然括臂，則宜稍用大弝，亦救弊之法耳。若能用苦功者，將前肩及臂極力向前沓下，朝地，弓弦從臂上邊出。自可免括臂之病。亦奚必用大弝為。又有一種臂向前曲出半尺許者。此等異相千人中間亦有之。若番下向地。亦不免括臂者。則將臂番轉朝天。使發矢時弦從臂下邊出。亦可免括臂之患。而無藉於大弝。臂形異則法因之以異。亦自然之理也。臂曲極而番轉朝天者。世不多見。予於太倉衛曾見一孫姓者為然。故記之以備參考。廣見聞云。

弓弦長短宜擇第六

弦之長短。隨弓體式。弓長則弦宜離弓弝七寸許。弓短則弦宜離弓弝六寸五分。今人以拳按弓弝。以大指頂着弦為準者。則弦太長非也。何也。絃長則口鬆。弦口鬆則發矢時振蕩不定。矢發不準。大抵江北人多用短弦。離弓弝八寸許。則嫌于太短。故北人多用短箭以官制為率。恐長人用短箭。骨節俱縮。力亦易疲不能久射。久後必有不彀之病。且弦太短。弓亦易傷。殼弓亦不能盡一。矢亦隨之以大小矣。此北方之病而人不察也。邊制箭小尺箕二尺七寸五分官制箭小尺二尺六寸五分南人多用長弦。取其易殼而弓不傷也。穎初亦好用長弦。因北人張姓者。言長弦之害甚悉。乃悅而從之。稍々用短弦。殊覺殼矢準。弓亦不滾。且弓聲清響。淂益多矣。但弦不宜太短。以淂中為貴。大約小套弓以大指食指托直從弓弝上量至弦口。一托為準。大套弓以大指中指托直量之。亦一托為率。若人長指亦長。弓套亦隨之而長。人短指亦短，弓套亦隨之而短。各以其人形之長短以定弓，因人指之長短以定弦，是爲定論。

箭式長短宜擇第七

箭之長短○宜隨臂之骨節○今好勝之人○臂短而過用長箭以誇其能○退怯之人○臂長而喜用短箭以圖易彀○皆非也○長人用短箭○骨節俱縮○百病易生○固不足道○短人用長箭○是專以力彀○非以骨節彀也○力彀者力衰則不彀矣○彀安能齊○骨節彀者○不勞力而彀自齊○至老不衰者也○故臂長矢亦長臂短矢亦短○以骨節為度○此不易之理○引弓必令前後肩臂平直如衡○

後肘平屈向後垂下○大約後手指機與後耳齊○如向南射之人○穀弓時○體勢反覺向西北○則穀法方為極○致骨節既定○則箭之長短○亦因之以定○安可妄用○量

箭法自有定理○將左臂及左手虎指俱向左伸直○須以箭鏃頂在左肩下脇骨上○量至左手中指頂止○指頂外又加二寸五分○小尺○是為箭之定式○長短人各隨其臂指為量準○此天定之理○頗嘗考訂多方○始得其法○識者遵之○庶無差錯○若力小之人○自脇骨上量至中指頂外○加二寸亦足矣○

箭體式輕重宜擇第八

力大之人弓用勁。力小之人弓用弱。弓勁則箭重。弓弱則箭輕。此自然之理。今有貪平之人。弓本勁而好用輕箭以示發矢得平狠之法。抑孰知箭輕則體桿柔弱。不能勝弓猛力之發遣。矢纔脫弦。箭桿即鉤。發矢無定準。寧特不能平直。矢且不知偏於何所矣。又有好名之人。弓本弱。而顧用重箭。以示發箭得疾遣之法。豈知箭重則行遲。竭力遣之。力必不齊。矢亦不準是二人者之所為皆過也○夫弓矢相配如權衡然不可分毫過差○大約弓力重十斤者用箭一錢二分○百斤之弓箭可重一兩二錢○弓勁至百斤箭重至一兩二錢者猶可澓重○弓弱至三十斤箭至三錢六分○者弱亦甚矣○弓弱至此不可澓減箭至此不可復輕○矣○何也○弓過弱矢不能及的○箭過輕發必不準○以箭輕○桿軟○發出必搖○矢不能勝弓力之遺耳此弓箭輕重定法也○

箭竹老嫩宜擇第九

弓矢相配重輕合宜矣○乃發矢時忽有左右大小之偏○至尋丈者○以箭竹柔嫩○不能當勁弓之發遣耳○箭竹惟出廣中者最佳○江西次之○然廣竹不可多得○即江西竹中亦有可用○在人知所擇耳○箭竹以老者為佳嫩者為劣○老者有不同○有桿粗大而老者○有細小而老者○而粗細中○又有厚薄之殊○以薄者作輕箭厚者作重箭方適于用○若偶值箭竹缺少○時不及揀選○或

以竹厚者作輕箭。箭必多去竹青而矢易曲。或以薄者作重箭。必桿大而矢行遲。不可不辨也。竹嫩者無論粗細。俱不可用。今人看老嫩者俱以色辨。以黑者焦黄者為老。以白者淡黄者為嫩。皆非也。何也。已成之箭。皆從沙泥火中燒出。其色非本色也。如使嫩竹而多燒。色亦可黑而可黄。老竹而火力未透。色亦可淡而可白。故色不足辨其老嫩。惟于竹紋辨之。紋粗者為老。細者為嫩。又須揉其體桿。硬者為老。軟者為嫩指甲上撚之聽其聲清響者爲老木樸者爲嫩乃爲定論又有箭桿上多大白痕者亦必以粗竹作細箭多去竹青故也此箭之最劣者也發矢必不準且嫩極不耐久用

箭體式宜擇第十

用輕箭者須牛乃頭以其輕而小也○約重不過二三分用重箭者須鵰鋒翅頭○以其重而大也○約重六不分○蓋箭體重頭亦重○箭體輕頭亦輕○欲其稱也○稱則不惟能及遠○矢發亦有定準○令人用箭鏃○輒以己意為好尚非也○重箭肚宜在前段○輕箭肚宜在後段○箭體中間大處為肚○何也○箭重體必粗○後半不患其軟○箭體以根為後○鏃為前段只患弓力猛○遣箭頭入土深○故前半體易曲○亦易

折。必須肚在前段以壯其體。且弓力勁者。矢發至的。猶不肯垂頭。須肚在前半以殺其勢。輕箭體必細。後半常軟而易鉤。故肚須在後半。則體不鉤。且弓力弱發矢入土淺。前半不患其鉤而折。又何藉於肚在前乎。弓力弱者。矢至半路而頭已垂。須前半細小輕利。以無沮其進步。重箭宜用馬蹄口。輕箭宜用荳板口以馬蹄口粗壯而牢固。故與重箭鏃相配。荳板口尖小而輕捷。與輕箭鏃相配。翎大箭行遲。翎不宜太大。

但箭重弓必勁。翎宜稍大以稱其勢。倘翎過小矢數亦不準。箭輕弓弱。翎宜稍小以稱之。若箭輕翎大。矢亦不前。此易曉也但不可用鵝毛小邊翎耳。鵝毛中有一梗。一邊翎大。一邊翎小。小邊翎太小。不關風矢數不準。此已試之効。非虛語也。今人用小邊翎者甚衆。但不知射法之人。中則不知。合何法。不中亦不知犯何病。故中則以為手之能。不中則以為手之病。小邊翎之病。人不知察也。故特表而出之以示君子。黑

翎切不可用○以射入草中色黑難覓○不如白翎之為愈也○今人欲學京箭樣式○故用黑翎是偷虛名而受實禍矣○

指機式宜擇第十一

指機之名。古未嘗有也。古號為決。決者取其決機捷而無凝滯也。今人所用指機名一盞燈者。四圍口太厰中間四邊又薄而無向。控弦時大指必極力扣際。開時已不脱洒。一不便也。射時用皮襯。二不便也。指機口太厰。彀時機碍箭關。指機底離箭根半寸許。矢亦難彀。三不便也。指機底薄。彀時傷驗。四不便也。又有荷新樣者。前口獨厰。後邊及兩邊口稍歛而薄。此式稍善。而未盡善。何也。前口厰雖善。而嫌中閒無肉。則控引時。大指亦須扣緊。又用皮襯。且兩邊既薄。指機底如刀口。則控弦時亦傷弦。其三不便。與一盞燈同。惟兩邊薄。控弦彀時。則矢根離指機底。不過一二分。則控弦易彀。故云稍善而未盡善也。顛嘗創一指機式。與倚新樣相似。前口厰。而中多分肉。控弦時大指不必極力扣緊。則彀時脫弦鬆快。一便捷也。滲面稍厚。兩邊極薄如錢。引弓彀時。指機底離箭根不過

一線許則箭易發二便捷也然兩邊既薄揹機底如
刀口恐發時傷弦故於揹機底前用兩足砥住弓弦
不使控在兩邊薄處只以揹機前邊平底控弦則弦
不傷一弦可當五弦之用三便捷也且前兩足砥住
弦則弦不得揹而不必用皮襯四便捷也邑中諸友
愛之者號曰高公四捷機云三吳好射者倣其式而
為之不約而同也

指機兩旁式

指機前面兩足開式

指機後面高式

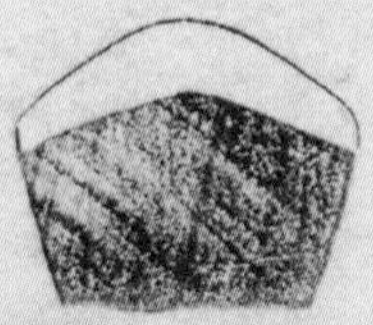

做指機法

指機上面式

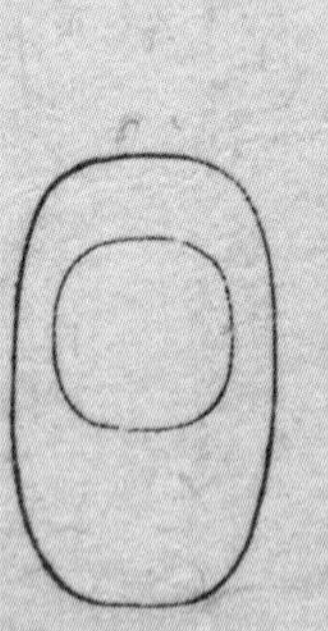

指機前面兩足相連式

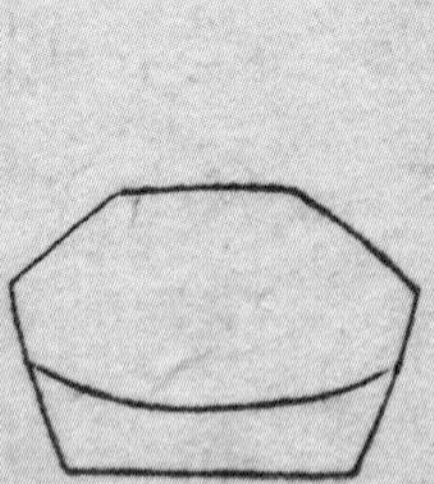

指機後面低式

指機之適用○全在中間之眼○與大指形相肖○然大指形各有不同○有圓○有扁○又有指後突起高骨者○故指圓眼亦宜圓○指扁眼亦宜扁○指機前面宜○高而中間稍宜留肉○如大指形圓與扁者○指機眼宜然也○若大指後面突起高骨者則不然○指機之眼○後面亦宜挖作一凹○與大指突骨形相肖○指機前面又不宜高○只宜平塌○中間又不宜多留肉○方為貼妥○在于通變不可執亡○指機前兩足間○可連亦可斷○隨其人之所欲

為之○不必拘也○又須一人用大小二指機以○備相代○久不射則指小○久射則指漸大故也○故欲令人做指機者○必須先以指形示人○使做指機之眼○與大指形相肖○方不必皮襯而妥貼○若不以指形示人○妄取人指機帶而不妥○不得不用皮襯為穩矣○此特論平時習射則然○若臨戰陣○手執桴鼓○安用此有足指機為○莫若用平底銅圈○方為寔○用花羊角圈亦可用○外此牛角竹木圈○皆不堅固○不適於用者也○

竹木箭宜擇第十二

北人多用木箭。南人多用竹箭。非北人好木。而南人好竹也。木產於北邊。竹產於江南。各因其土之所產而用之耳。木箭有三。樺桿為上。楸桿次之。柳桿又次之。樺桿堅而難曲。柳桿鬆而易折。亦易曲。故有上中下之分。然堅者恐傷於重。故勁弓宜用樺桿。弱弓宜用柳桿為稱。人又有謂木重竹輕。竹不如木箭之能洞堅也。抑孰知臆逆何如目覩。而親試之為真。吾邑

格物門

参戎公錢三持。曾蹲甲試之。只用一弓。而竹木箭各一。令一人盡力射之。木箭洞甲不過一粟許。而竹箭則貫甲三寸。是木不如竹之勁利可知。若射遠則木益不如竹。射近則不甚相遠也。

擇物門總結

良朋美景豪飲之助也。風帆迅利長驅之資也。筆墨俱妙，浄几明窓揮洒之具也。弓矢既調，機弦善制，豈非豪士逞懷之助，修人耀德之資乎。習射者當未入門時，宜虛心博採求益為先。既入門之後，又當利器以善用。擇物為急。世乃有好勝之徒，茫不知法，射不應手之過也。乃不罪手而罪弓，以掩其拙。又有鄙吝之夫，學法已成，輒以敝弓劣矢而不中的，弓之過也。

擇物門

乃不罪弓而罪法之不驗○皆非也○甚者手之過而罪弓必欲更其弓弓之過而罪法又欲易其法妄更其弓害猶可言妄易其法展轉乖誤害不可言矣惟明智之士○利弊昭然○功過莫掩○弊在弓則更弓○弊在法則易法弓無留弊手無微疵人弓相親心手相悅機神和暢○而射之道盡矣○噫噫以此道推之○天下事可幾而理矣○明智之士安能見之哉○

武經擇物門下卷終

武經射學入門正宗後叙

夫射之法深且繁矣。然以道通之則又至簡而至易。何以明其然也習射之初。以法求射。則見其繁。習之滋久法熟而理暢。理暢而機洽。機洽而道。通。則千條萬緒。皆可一貫安見射法之繁乎顔弱冠時。以好功名之心好射。遂忘寒暑晚年頗得力於射。而通其道遂以好道之心好射。並忘功名。行住坐卧。非射不思。閑居燕處非射不樂。憂患非射不息。怨仇非射不解。疾痛疴癢非射不忘。推之九地九天。

觸目驚心之事。無之非射也者。今年齒雖漸加長。而好樂不倦。不知予者以為勞且苦。而予則彌覺其樂也。知予者以為樂且癡。而不知予之樂皆從苦中來也。夫射之道外粗而內精。形動而神靜。功非驟得。養非襲取。其存心欲虛。取益欲廣。志欲猛。力欲實。膽欲旺氣欲和平。精進欲無已。然後可以收其功而推其用。其精神心術之微。涵養持循之功。無非至道。通其道而遊之。與與之上下。非可一藝目矣。于講求四十餘年而始得其略。貧而益堅。老而益壯。頗得力於此而精神已憊矣。欲以授之子若孫。而長子武孟。孫念祖。雖喜讀書。左臂俱折。不能學也。强授之而亦不能精。是天限之也。欲授之次子修孟。幼子聲孟。又不喜讀書。則不學無術之人。授之技而不善用。不若農焉而已。又不恐此術之無傳也。每見彎弓角射之人。不覺欣喜神動。無論賢愚貴賤見其射中之槩。必徐爲指引。即有強項自是者亦必多方開導。冀其一悟。非好爲人師也。深恨少年初射時。以無人指示之故。廣求博採。淘洗更革不知幾番變易。徒罷筋骸。或以片時可得之法。而流汗數年。或以不費絲力之法。而深求玄奧。形神俱槁。此何異欲尋友於咫尺之地。不知其家處所。乃周行千里。轍迹幾遍天下。復還故處而遇之者乎。回視四十餘年艱辛之苦，今幸得之，雖可喜也，亦可悲矣。是以一見持弓妄逞之人，何惜一開口之勞，不以破人終身之惑。無奈知音者絕少，徘徊四顧，無與為偶。甲子春，有毛連生名廣者，妻陰人也。好學樂善。子愛而授之。幾盡其法。而又性懶恐其不能記憶也。因作射略以遺之。予友嚴永思名衍者。樂道不仕。博洽君子也。閲射略成。索而觀之。嫌其略而不詳。雜出而無序也。丁卯春遂作射法三十餘條。分之為三門。則各自為始終○而為一小成○合之為一門○則共為始終而為一大成○自表及裡○由粗入細○肢節相承○各有其序如四時之代謝○不可紊也○如臟腑之相因○不可缺也○使學者得望道而趨歷階而進○故總名之為射學入門○噫高山流水可

以入琴神相契也。公孫舞劍書法斯成道相通也。予所言者射也。意之所指不止於射也。後有得予法者實有望於斯人。

崇禎丁丑仲春既望高穎識

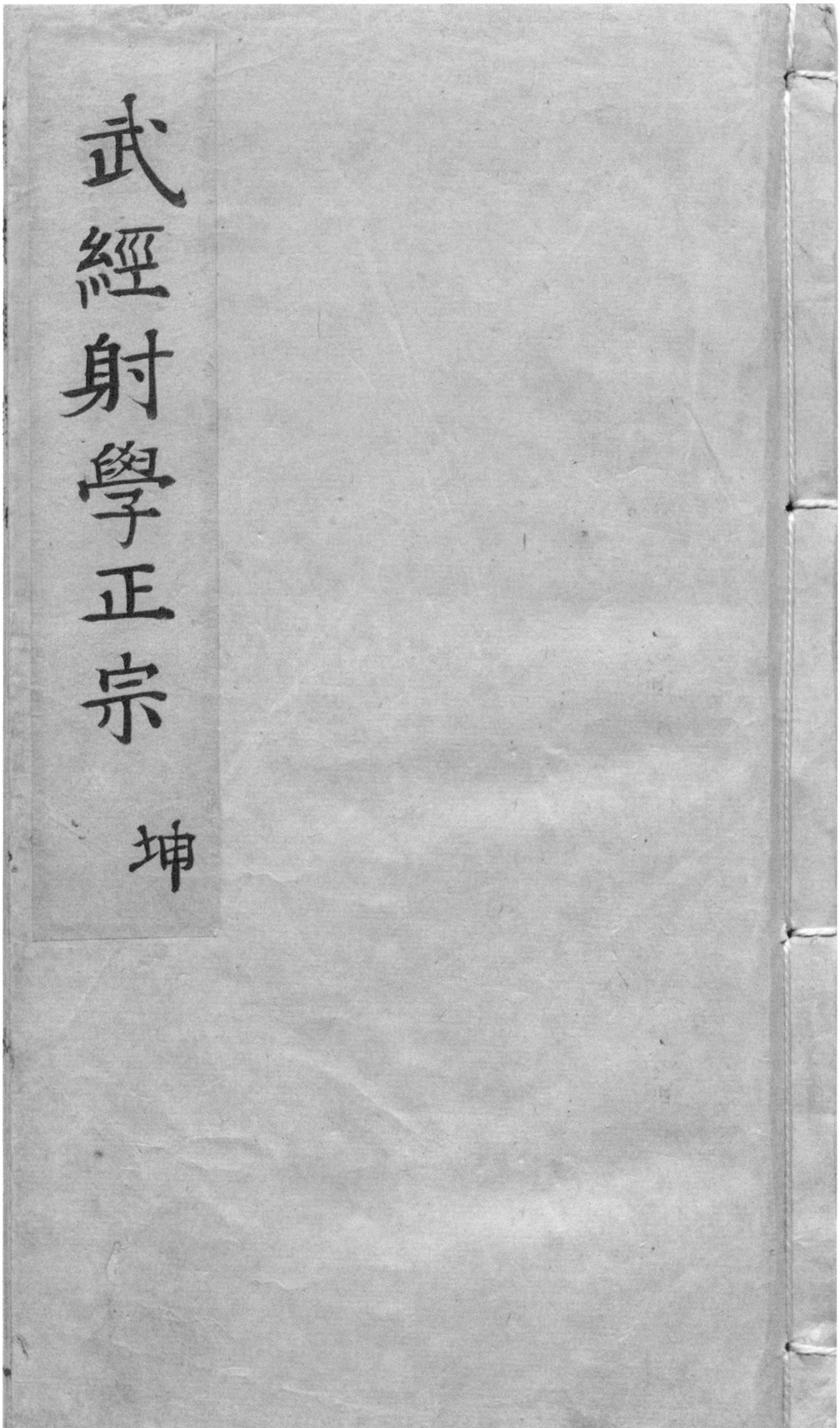

武經射學正宗　坤

武經射學正宗指迷集序

射為六藝之文。與禮樂詩書並陳。古者天子選諸侯卿大夫士。亦必以射為殿最。且取節於是。觀德於是。則射之義。不為不深且遠矣。故古者男子生。懸桑弧蓬矢以射天地四方。有以也。然考之三代而下。凡好為論議、負一長一技者、多創為一家之言以垂不朽、自古迄今、以善射名者。后羿由基而後。如樂伯非衛賈堅之流。穿、石、洞、鐵。志、目、夾、脰、之、才。代不乏人。卒無一書垂訓於後。即有宣、洩、其、秘、者。亦不過一二言而止。辭不盡乎其意。：不盡乎其言。此又何也。頡當反覆推之。意者、古人得力於射者深。故其獲之言也詠。夫是以言、簡、意、精誠不欲以射中隱如躍如之機趣滯之於言語文辭之粗而存其甘苦疾徐之妙於微辭婉轉之間以俟人之自悟未可知也。無奈後人不能深維其奥。往往以文害辭。以辭害意。失之毫釐。謬之千里。而射法之不明於世。所從来矣。且又有好事者。創為偏執迂踈之説。以惑世。而愚者争趨之。則愈趨愈遠。而射法益不可明矣。馴至我太祖高皇帝、為萬世計深遠。天下雖定。武備之嚴。歲時加點。射儀之制。載在會典。不啻詳矣。神京留都。俱有武學之設。列省郡縣。復設射圃。於學宮址可按而數也。

奈承平之久。舉天下聰明絶異之資。
醉酣墨瀋。既以射為鄙事。即業於武
者。率皆以急功苟且之意。習為彍張
之儀容。未暇研窮其精義。故語射於
今日。無論文士武弁。皆不得而知矣。
令

皇

上赫然振勵悼文詞日益浮武備日益弛

勅天下文學士誦翰鈐習騎射使有文事者盡有武備而又郡縣設為武學羅天下奇才劍戟之士工騎射而精武略者進之泮宮咸與儒生等是

撰述集前録

慨然欲與天下相更始也故一時章縫之彦跗注之儔非不奮焉戎務以射為馳神當此射學久湮之後莫適所從不過因古人之遺言及昭代紀効武略諸書所載者習之耳抑孰知諸書所載未必盡出古人足

為後學之模範。其為好事者之勸說
所謂偏執迂踈之弊。以誤成誤者不
少也。愚故遍錄其文辭以列之篇。取
其論議無偏足為後世法者。明著其
美。使之知所趨。其有膠固失宜足為
後世蔽者。詳指其瑕。使之知所避。又

有意甚美而辭未達者。明於此而暗於彼者。舉其端而未竟其全者。則補綴其鈌略。以暢其所欲言。使人得以因顯察微。由粗入奧。夫射之正法前射學入門已詳具之矣。此又錄諸說之利弊而條著之。庶幾天下後世不爲邪說所惑而直趨正道故名其集爲射學正宗指迷云。雖然迷一途指矣、知而行之、其在人與、知而弗明、猶弗知也、行而弗致、猶弗行也、知明而行致、文弱者、懦而不前、凡庸者、淺而不入、勇捍剛銳者。又粗浮而不精。一

切勸始惰終欲速苟簡者皆不足以
語此也精深獨到者惟明智沉雄之
士稱焉
天子所之所向天下精神才力之所向
也令
天子以武備望諸有文事者則天下
明

明智沉雄之士投袂而起者霧集矣知而行之其在斯人與其在斯人與

崇禎丁丑仲春既望高頴識

楊修齡先生較定武經射學正宗指迷集一卷

繆城高　穎叔英父著
茂苑江起龍靖侯點次

録古人射法遺書共七條

孔子射於矍相之圃。觀者如堵。曉以孝弟忠信之道。播以修身好學之義。而他日又曰用之以戰勝則無敵。用之於臨民則順治。第一條

射一技也。孔子以孝弟忠信修身好學之道悉具

於是何也射之道外粗而内精形動而神注以剛猛勁鋭之事而雍容和平沉毅以出之非孝弟忠信之道乎分曹耦射不怨勝己反身克治殫慮以求之修身好學之道不是過也故用此以戰陣剛柔並施仁者之兵也其誰與敵用此以臨民和易嚴明禮義之教也何難順治此孔子之意有如斯也嗟嗟今之工於射者果能體雍和之道以存心則孝弟之行也體沉毅之道以踐言則忠信之友

也。推反身之道以改過，則好修之士也。推禮義之教，以治兵臨民，則遠近悅懷，頑梗歸化矣。國家得若人焉，尚可徒以蹶張之夫目之否。

禮記曰射者進退周還必中禮內志正外體直然後持弓矢審固○持弓矢審固○然後可以言中○此可以觀德行矣○第二條

射期於中的而已○然必於進退周還中禮者○以射○發於心而應於手○故射必先正耦○設為升階降階揖讓左右周還飲觶之禮○以肅其形容○然後凝神定志○乃可言射耳○故射必先周還中禮也○射必內志正而後持弓矢審○外體直而後持弓矢○固此二

句射中妙法萬世不能易也然觀令人志正而能審者有矣體直而持弓固者絕少何也以直之一字經文發之未明故後世知之未析即古之以善射名者亦未有極言所以直之道以示人故後世言體直者或以站立正直為直者或以前臂背直為直者此皆體直中之一事而直之本不專在此也何也站立直者身形直耳於持弓矢何益而能固乎前臂背直者引弓將滿臂力已竭必然顫動

如何能持弓矢審固乎柳執知直之標在直身與

脊臂直之本在前肩不直前肩從直前臂是為無

本之直引弓將彀前肩即聳骨節不對如何能直

故直肩之法後弓工妻章內及前提徑門辨惑門

郊射章內言之已詳引弓如是則前後肩臂並力

凝結一片平直如衡方可云外體直體直直不[illegible]云

者箭鏃引至弓弝中間而肩臂之力交至前肩從

下達上送前掌托出後臂從高瀉下徐徐發矢目

力審定○可高可下方可云持弓矢審固可以言中
矣○涵養若此○其人必殫心好學樂○於禮義○和平恭
敬○用志不分者能之○故曰此可以觀德行矣○此
跋文當與後雜錄四卷○或問第八章同看○方得體
直之全法○

禮記曰。古者天子以射選諸侯卿大夫士。射者男子之事也。因而飾之以禮樂也。故事之盡禮樂而可數爲以立德行者莫若射。故聖王務焉。是故古者天子之制。諸侯歲貢士於天子。天子試之于射宮。其容體比於禮。其節比于樂。而中多者得與於祭。其容體不比於禮。其節不比於樂。而中少者不得與於祭。數與於祭而君有慶。數不與於祭而君有讓。數有慶而益地。數有讓則削地。故曰射者射爲諸侯也。是以諸侯

君臣盡志於射。以習禮樂。夫君臣習禮樂而以流亡者。未之有也。第三條

按禮記以射爲男子之事。故飾之以禮樂。使後世知事之盡禮樂可以數爲以立德行者。莫如射。故聖王務焉。嗚呼。是先王以射教天下爲後世計深遠也。但以飾之一字繹之。得無以射中本無禮樂特以禮樂飾之。使後之好禮樂者不得不因禮樂而習射。使習射者不得不因射而知禮樂矣。抑孰

知射中原自有禮樂何待飾之始有禮樂乎何以明其然也。射雖以形用，其實以神運也。故饑飽失中者不能射，喜怒失中者不能射，凡疾痛疴癢抑鬱無聊之事感于外而動于心者亦不能射。何也？射固有中和之道也。心神一動，形體乖違，中正和平之度失耳。由此觀之，射之中果原有禮樂乎？果無禮樂乎？抑待飾之而禮樂始見乎？其故可思矣。

是以精于射者，彎弓對的，必先并氣以固形，安心以全神得失不棲于情喧雜不留于意其引弓也捷疾果銳以發之欽躬敬慎以持之雍容和平婉以出也而又輕鬆脆裂迅以節之其甘苦疾徐合宜中節之巧何者非禮樂之精意豈若後世之禮樂僅僅飾之聲容末節之粗哉古聖王以之化禮化樂良有深意而諸侯君臣盡志于射以習禮樂者是不特得禮樂之精意抑亦得射中之精意者矣故得射中之精義者手舞足蹈無之非禮無之非樂矣彼以射求射者焉足以語此

弓工妻之對楚王有言前手如拒後手如附枝後手發之前手不知第四條

前手如拒後手如附枝此言引弓法附枝者輕鬆依附之謂言後手引弓不逼弦不逼矢前手推定弓弝後手輕引而彀也後手發之前手不知此言發矢法後手引弓既彀輕輕瀉脫不可一毫凝滯發矢既輕前手托定全然不動故曰前手不知如此引弓發矢雖見安安然恐坐不彀之病何也大

抵引弓之力在膊彀弓之力在肩分開之力在拳善射者將欲引弓必先以前臂蓄直向地前肩向前下捲（捲即蓄也）極其堅實後肩聳起與前肩并力凝結一片後手捲箭掛弦後肘向上提緊開弓前肩向下捲實不動只將前拳䆉（音竅）起與眉齊後拳平引與耳齊前肩之勢反低後肩之勢反高兩臂平直如衡以肩使臂以臂使拳如此引弓則周身之

力盡為兩肩分達于拳臂之間後手一提便彀（前）

箭直向地。後手搭箭扣弦。後肘向天。一提。前手實弓心。兩臂一齊并力撑開。豈非一提便彀乎

前後拳臂分勻輕脫。方可謂後手彀之前手不知。不然。只用兩臂之力開弓。不知用肩。縱然後手如附枝之易輕。恐後手之力有限。輕輕引來。如何能彀。後手既不能彀。而又輕鬆發矢。欲使前手不知矢發。必無氣。如何能及遠。故弓工妻之言。當善用之。用其輕鬆之法以發矢。用乎實肩之法以彀弓。則古法誠爲栽用。彀弓法詳于捷徑門。此段又當與四卷

武八門合看。方得彀弓法。

烈女傳曰怒氣開弓息氣放箭蓋怒氣開弓則力雄而引滿息氣放箭則心定而慮周第五

怒氣開弓者則力雄而引弓易滿息氣放箭者則心定慮周發易中的此法極是然令人多不能怒氣開弓者一發隨脫不能少留而息氣凝定者何其病皆在用臂而不能用肩耳夫臂之力小而肩之力厚只用臂力開弓者怒氣引弓一滿臂力骨節已盡必然急脫又焉能息氣放箭凝定周詳於

怒氣振蕩之後哉。故善射之法○將欲引弓○必先將前肩下捲，前後肩臂骨節凝結一片，而後怒氣開弓○將發之時○臂力已竭○肩力繼之○力量有餘○自能息氣放箭○而收心定慮周之功○中的始穩○用肩法詳于用卷內○或問八發中宜合看○

紀昌師非衛。先學不瞬。次學視〻。小如大。視微如著。以氂懸虱於牖。三年如車輪。射以朔蓬之幹。貫虱之心。第六

先學不瞬。此練目之法也。人之精神。淬於目〻。之所注。一身之筋力精氣俱赴矣。故射以練目爲先。爲審視既明。發矢自進。神馳。意到。虱心可貫。不必有其事。而有其理也。今初習射者。弓一拽。見便徑郄射。不藉力於骨節。惟憑筋力。引弓。腕突。頸仰。

目光為前拳所障習射數年兩目未曾見的即欲
審視頭仰之人箭左弓右視在弓左目終不能見
鏃故曰終身習射只為瞎射為何中的練目之法
在初學時胸欲歛腹欲腿足欲直頭欲向前側視
弓稍欲斜引弓將彀骨節已平直鏃至弓弝中間
以目稍自箭學至鏃以達於的視之了然數矢可
準東西遠近毫髮不爽目注于此矢亦至于此方
為練目之法今人習射亦知練目矣然卒不能中

微破的者只因初引弓時目雖能審既彀將彀心手俱恇倉皇撒放何以中微故練目之道自初引弓時目周審視彀矢時尤宜加審目到意到手到彀矢如意方可收練目之功此段當與前捷徑門注字篇合看

伯昏瞀人。立於嶢巖峭壁萬仞之巔，背不測之淵，足垂二分，射百發而百中。第七

此練膽之法也。令人習射，平時或可中的。一當角射分曹，則得失介懷而不中。或臨戰鬬，死傷在前，則目眩心駭而益不中。此無他，不練之故也。人之智慮以練而深，筋骸以練而固，況射之功力中微於百步之外者，而可不練乎。練目、練掌、練臂、練肩、練身、練足，一身之中無所不練，而膽為先。何也？膽

者。心之衛也。膽不足。則心慌。一臨利害。則耳目手足俱非我有。尚可挽强命中乎。此習射者。學法既成之後。必須練膽。練膽之道。莫如臨敵。然戰不可得而試。於何而練之。北方之人。地勢高阜。無川澤溝池之限。山陵糾紛。草木蓊鬱之所。練之以射獵。騰山越谷。搏兎伐狐。擊猛獸如田畝。何有乎即我乎。南方之人。見丘陵城塹。則登高履深。練而習之。熟習之久。高不在心。發矢如意。臨變倉猝。自有定

衡而命中可幾矣。練掌練臂諸法，詳于辨惑門安

射草砧章第三，宜合看。

楊修齡先生較定武經射學正宗指迷集二卷

暻城高　穎叔英父著
茂苑江起龍靖侯點次

錄紀効新書射法共十七段

量力調弓因弓制矢第一

因人力之強弱以制弓，因弓力之軟劲以制矢，此法極當，無容議矣。但以弓稱人，以矢稱弓，其輕重俱有定法。大抵欲定弓之軟劲者，須量臂力直辟能平舉石十斤者弓宜用勁二十斤舉石二十斤者。弓宜用勁四十斤。以外舉石多者。弓依例加之。欲定矢之重輕者。須量弓力。每勁十斤。者用矢一錢二分。自此以上。弓力勁者。每以例加之則人弓相配弓矢相調。發矢大小有定衡矣。稱弓法。詳于擇將門。弓力強弱篇宜合看。

凡打袖皆因把持不定第二

打袖之弊非止一端而紀効書云把持不定非也打袖者或緊袖未妥而然或因前掌突出弓弝之右而然或因前掌不實發矢時撐開無勢前掌指掌根而言非掌心也對小指之掌為掌根對中指之掌為掌心掌心實則虎心太仰矢出捷天而大矢不能平疾惟掌根實則虎不甚緊亦不太仰故發矢平疾而且遠到矣弦隨臂括出亦然又或引弓時前肩太突前拳未能骯音縠出亦打袖弓弝太小手汗多而滑持弓發矢無勢亦不免

于打袖圖打袖之病無常而太略總不出此欲免是病者。發矢須帶撇勢前臂齕起掌頸硬直推出而後以肩力從下達上。送前掌直又而出。決無括辟打袖之圖。若槩以把持不定論之。何以曉後學乎。

持弓矢審固審者詳審固者把持堅固也第三

按紀効書講審字義曰詳審是專用目力也前捷徑門審法已詳具之此不復論講固字義曰把持堅固殊欠明暢愚謂固者指全體而言凡引弓發矢須全體之間拳臂肩足胸腹腰背無不安妥則身法手法皆中乎節方可言固以身法言之頭欲斜側向的胸欲欽腹欲挺足欲直步欲不丁不八立站穩便此身法也所以然者何也頭側則無却

垂之病。胸欽則無背仰前突之病。腹脡則無露臂之病。足直則無蹲倒之病。站立穩便則無並足體□病。諸病俱消而身法始固。以手法言之。前拳托實。前臂肘節欲畨直。畨直向地為宜前肩下捲。肩亙聳。兩拳欲平對。引弓彀時前後肩臂須平□衡此手法也平直如衡詳俱見五卷體式圖所以然者何也。前掌根實。則虎口不緊。前臂畨則臂直。前肩下則肩實。後肩聳則前後高而中低。前肩愈實。兩拳相對則出矢平彀極時前後肩臂平而肘垂則後拳脫弦得勢諸法畢集則手法始圓身法手法俱圓彀時方能堅持不動以目審定的心發矢始準若只以把持堅固四字講固字之義後學如何能解然此特論持弓之大略耳若對的發矢時忽偏左忽偏右忽大忽小隨時變態百出非口授不能盡也

凡矢揺而弱皆因鏃不上指也第四

夫鏃不上指者只因引弓不彀發矢弱而不能及遠耳若矢揺者不止一端或矢曲或箭翎缺半邊或因括袖激動箭鋒或因後手羈弦太緊發矢不懸逼箭之故若槩謂鏃不上指則非矣

審者審於弓滿發矢之際令人多於大半矢之時審之何益必將滿臨發之際尤加意于審使精神和易而手足安固然後發矢必直而中的矣第五

審于臨發之際必直而可中的此審之善法無容議矣審法詳于捷經門茲不具若謂精神和易手足安固亦由於審則非矣審者以目用事僅可知矢之遠近大小而已至於形神安固實因彀弓得法手之骨節直足之站立穩腰脡胸歛所致安得謂神和形固亦由于審乎

射法中審字與大學中慮而后能得之慮字同君子於引滿之餘發矢之際尤加審而後中的可決能知

審字工夫合于慮字工夫玩之乃得第六

大學慮字之義戚南塘比之審字同以爲君子能慮而后能得所止猶射者能審而後中的可決此說甚美施之用則踈何也大學慮字與得字義諧在心上做工夫故慮而后即能得若射者審在目在力在手者也目雖能審毫髮不爽若肩臂骨節未宜主持不固如何即能中的故審特射中之一事安得謂能審者即能中的乎故曰其說甚美施

之用則疎故習射者手中射法無不備具發矢時尤加詳審明察方可中的戚公之言益精射法熟習者云然今人不知習法而專致力於審必至敗迴何也目力能審錙銖不差手不合法矢發必不準以必不準之發矢將發之際合必準之目力則未發之時矢鏃雖能對的矢發出時必不對的矣此敗迴之大弊拙射犯此弊者最多而人莫之察也故書之以示明者見之當為解頤

大指壓中指把弓。此至妙之古法也。決不可不從之而更從他法。第七

大指壓中指。此鷹爪把弓之說也。大抵把弓。須看弓力軟勁。不必專用鷹爪。何也。軟弓力小。矢不能及遠。則用鷹爪把弓。勁弓力大。矢發必遠。恐太遠而益過的端。故必用滿把持弓。若弓勁而亦鷹爪。則矢揷天而大。必難中的。豈至妙之法哉。持弓法詳于指迷集三卷。錄胡射漢射論中。茲不載。

凡發矢寧高而過的慎勿低而不及也

此說雖是而未盡善也夫善射者百法閑習持弓則固步立則穩審視詳明然後發矢大小左右了然在目有不發發必中的即始發者未必中的而總發者自能斟酌得宜又何必寧大無小乎若手射法習之未精大小皆不能自主過低者固不中的過高者又豈能中節哉戚公之論特就初習射者云然非射家之正法也

凡場中較射要須業々恐不中決不可有一毫自放之意都如無監射官在上與平日自射一般慢々枝々知鏃過指如何不中第八

此訓場中射者都要意氣安閑如無監射官在上一般言々切中惟業々恐不中不可有一毫自放之意此二句非是何也令人在場中不中之根正坐此病每見場中射者不患其不業々但患其用心太過業々失其常度神昏氣沮不及展其所長

耳惟善射一志并慮旁若無人自能登場與平日無異意氣安舒而舍矢如破矣又何事業業為念惟恐不中為

凡中的之箭可取必者皆自從容閑暇中能之未有忙忽而可取必者忙忽而有中者亦幸耳第九

此等從容閑暇議論極是然令人平時談射孰不知閑暇為美一或登場不覺心動神馳五官無主者以胸中射法利弊未析乎中把持未有定衡耳

若平時習射手中百法閑熟登場自有主持而後容閑暇之規模自若也苟不習于法而徒慕安閑之度口雖言之而神不與也射法詳于捷徑門

凡射至五六矢之外猶未中的更要從容審決不可因不中而自忙若忙則七八九矢更無中理也

此説令人安閑乃射家之要訣然欲安閑必自平時熟習射法而膽勇德度養之有素方得于五六矢不中之後悠然自得需之七八九矢而復中若

而人者今日之安閑可卜他日之造詣不可以常人目之戚公老于兵間故見及此後之習射者欲求安閑必於所以安閑處三致思哉

凡射前手如推泰山後手如握虎尾一拳主定前後正直慢開弓緊放箭射大存于小言射矢過大者宜存壓其前手則矢自小射小加于大失發小者加舉其前手則矢大務取水平前手撤後手絕第十

按此說前推後握前撤後絕俱是用臂之力期於前後手相應此亦射家可行之說又云射過大者壓低前手矢過小者加舉前手亦是可行之法但二說俱是用臂力而不知用肩力則前後手之力

有盡引弓彀時發矢兩用撇絕豈矢必兩手盡相應乎兩手不相應則發矢必有左右大小之偏若射大存壓低其前手則前肩聳後肩低骨節不直主持不定矢發亦有左右大小之偏故射者果得用肩之法則彀時前後手俱與肩平直如衡前肩從下達上送前掌直出後手從高瀉下向前平脫兩手分開之時矢之大小左右俱在兩肩轉運之間自然相應發無不中矣不必存小加大而矢自

無大小。不必左撇右絕。而失自無東西之偏。用肩法撓徑門。并指迷集五卷内言之已詳

凡射必力勝其弓。但先持滿射。之先近而後遠。此不易之法也。第十一

射者寧使人力有餘。足以制其弓。無過用勁弓。而一爲弓所制。古今不易之論。但學射而執自近及遠之說。此世俗不通之論也。夫射須求合法。則左右大小之分。目能見之。手能持之。可遠可近無不中

的矣。若不合法之射，近或可偶中。漸遠則中數亦漸寡，更遠則不中矣。此必然之理。今人不肯講求射法之精義，而專講自近及遠之法，愚矣。唐荆川先生纂輯武編，亦同是說，何哉。

凡對敵射箭，只是膽大力定，勢險節短，則發無不中矣。對敵射法，將弓扯起，且勿盡滿，勿輕發，只用四平立定不退，則勢自險矣。約近十數步，一發必能中，必能殺人而後發矢，則節自短矣。馬上之賊只當

看大的射不可射人諺云射人先射馬擒賊先擒首是也第十二

此戚公親履戎伍百戰破倭故臨陣能使士卒立定引弓持滿不發待賊近方發矢殺賊此有制之兵必勝而無敗者也然必得智勇之將因能授任練習士衆如一人方能臨敵致命今用匹夫之勇一資郎紈褲爲將練習無制望敵即奔雖有射法孰肯持滿立定射賊乎故得智勇如戚公者爲主師

必能選膽勇之人為列校而收射賊之功故曰有必勝之將無必勝之兵令患無戚公耳寧患無列校又寧患無兵乎嗟嗟今天下第患無任戚公者耳寧患無戚公

凡馬須要平日飼養調度蹤蹲聽令進止觸物不驚馳道不削前兩足從耳下齊出後兩足向前倍之則疾且穩而人可用器矣故馬者戰陣時人命之所寄也胡馬慣戰數倍中國豈特風氣使然亦居常調度

之功也第十三

臨陣之馬必先飼養戢其耳目無令驚駭習其馳逐閑其進止人馬相親然後可使古人臨陣衝突長驅疾徐不亂者皆馬力為之然非訓之平時倉猝豈為我用戚公以馬為人之命居常必先調度此不易之法昔吳西河有云日暮道遠必數上下寧勞于人慎無勞馬非愛馬而輕人也欲節其力以備卒然之用也則馬之為人命可知令

國家之馬。養之于官者烏有。取之民者無制。市之夷者徒事虛名不適于用。吾不知猖獗將何所終也。

騎射須要開弓至九分滿。記之記之。即至七八分滿。亦難中也。第十四

騎射雖不比步射之遠。即近至尋丈亦須開弓至十分滿。與步射同。方可命中。何也。射之法莫如牢固爲主。固之道莫如彀。惟彀而後目力可審。骨節

可直發矢方準若開弓不滿至十分骨節未盡體勢俱鬆兼之馬馳身驟發矢必不齊戚公云七八分滿亦難中愚謂九分滿亦未盡善該制馬箭之式比步箭應長半寸許射時極力引滿鏃猶在弓弝外半寸則開弓時方敢放膽控弦無不發之患制步箭隨人臂之短長為之詳擇物門

騎射把箭以三矢為率須以箭二枝連弓弝把定又以一枝撘掛弦中為便其有以箭插箭衣領內或插

腰間俱不便。決要從吾言。第十五

按戚公所言特就武場應試者而云然。故以一矢掛弦。二矢連弓弝握之。非指對敵言也。若臨陣對賊。帶箭不止三四矢。必須箭服弓室置之腰間。方可容百枝。乃能射敵殺賊。若止三四枝。何以却衆寇。若以二矢握之弓弝。則握弓必不固。亦難命中殺敵。吾邑叅戎公錢三持射評言之詳矣。若論武場應試。以一矢掛弦。二矢置腰間。出之為穩。然須平時演熟，方用得此法。不然，則戚公所云一矢掛弦，此二矢握之弓弝，亦無不可。但此特應試，非實用也。多難之秋，丈夫作事，應試時即當爲實用之地，何可自同于衆人？故騎射矢不置腰間，必然有失。

凡教騎射，必勢如追風，目如流電，滿開弓，急放箭。第十六

騎射者，必叢矢捷疾，方能中的，故曰如追風，如流

電又云急放箭此三語人〻能之推滿開弓之法人多不能何也騎射出矢速對的近便存苟且之意孰肯恣力引滿如對敵乎故戚公云滿開弓者戒人勿蹈不滿之病也此射家之正法然騎射莫妙于彀人皆知之卒莫能彀者未知所以彀法耳彀法云何騎射與步射同肩臂骨節平直而已惟骨節直引弓只用骨力不用筋力弓不期彀而自彀矣故工於步射者未有騎射而不彀者也

凡騎射或對賊或對的搭箭時目止視賊視的不可看手搭箭只宜信手搭之第十七

搭箭若用目視則發矢不提射的則騎馳過的而不及中射賊則賊知避遠而不能中惟一心視的與賊信手搭箭射之則神注而發矢迅速矣然須平居演試百倍其功乃能信手搭箭而無逼箭墮矢之患信手搭箭者馬箭式須用一扣切勿用兩扣者忙促時若用兩扣必然有失兩扣者即俗踊四扣嘗箭也

善騎射者熟習久試當自知之

武經射學正宗指迷集二卷終

楊修齡先生較定武經射學正宗 指迷集三卷

嘐城高　穎叔英父著
茂苑江　起龍靖侯點次

録武備要略射法 共計六段

夫射有漢射有胡射漢射者左手鷹爪持弓右手单搭和弦惟務巧勝胡射者左手滿把持弓右手雙搭扣弦惟以力勝 第一

要畧云漢射用鷹爪持弓者用单搭胡射以滿把

持弓者用雙搭。是不論弓力之强弱。而槩以漢射胡射論持弓搭箭矣。不知持弓之法須視弓之軟勁。矢難宜鷹爪。勁弓宜滿把。何也。力弱之人。弓用軟矢。難遠到。故用鷹爪助其勢。以鷹爪持弓者。掌根實虎口鬆。矢發捷矣。而大力大之人。弓用勁矢發。必遠。故用滿把縱其勢。以滿把持弓者。掌根雖實虎口亦鬆。發矢平疾。此用軟弓者利用鷹爪。用勁弓者宜滿把也。若搭弦法無論弓之軟勁皆宜雙搭何也以雙搭力全单搭力弱耳凡軟弓用单搭者以单搭脱弦快捷雙搭脱弦遲滞耳若雙搭脱弦時以中指收緊勿開只用食指大指開脱則脱弦鬆快及過於单搭矣其法詳于辯惑門早射勁弓章内宜參考之

其足法無過丁字不成八字不就隨箭改移只在後足射右改左射左改右乃射中中的之竅也第二

按立足法不丁不八者既不並足立而失之體浮

文不蹲倒作坐馬之態此立法之善者也又云立足法隨箭改移只在後足射右邊前足跟立定不易只將後足移在左邊若射左邊前足跟亦立定不易只將後足移在右邊此亦改移之善法乃世俗又有執射偏于右者使後足遷右射偏于左者使後足遷左之說者此不通之論也何也制發失偏斜之弊只在目力審視詳明及肩臂腰膂轉運之間耳與足何與而必藉後足改移乎假如望南

射者體勢向西北立望西射者體勢向東北立向北向東射體勢可以側推凡立法以穩便為主足立定向如山不移何必屑屑改移其足謂矢發之偏斜分毫必藉於是過矣吾邑叅戎公錢三持見人改足之說曉之曰假令騎射足亦可移乎則改足之說謬甚可知矣非改足之謬也世人不思精求射法為必中計而專恃改足以求中乃不可耳若足立未穩體勢與的未甚相對合宜後足少移

亦無不可。

要略云：考之射家有三勢，曰大架子，曰中平架子，曰小架子。大架子者，直身並足而立，左手直如箭，右手平如衡，弓稍直豎，拉滿弦撥右腮旁，鏃引至左手中指之末，左手虎口際手頸一直，弓稍前指，認定的也。右手微仰掌往後一拋，胸骨開，背肉際，矢去疾速而不滯，雖文而不雄，利於官場。第三

按要略大架子之病有六：一在直身，二在並足，三

在弓稍直豎四在虎口緊五在弓稍前指六在後手徑後一撥何也射法身勢全在站立安穩而後審固諸法皆從此出若兩足並緊而立站無勢全體皆浮當風靜之日發矢可準一值風飈衝突體浮搖動發矢必偏斜矣若直身與直豎弓稍者引弓不得勢何以能發令人多坐此病夫發弓之本全在前肩向前番下前肩既番前臂方可番直向地肩臂盡番虎口自斜弓稍不得不斜矣弓斜則

胸必歛而身又安能直乎欵引弓必欲彀者直弓直身之說不可行也至于後手一拖之說益又不宜引弓彀時臂力已竭況持弓直豎之人前肩未畬肩力未奮惟恃前臂撐持若後手徑後一拖矢必偏於右矣縱使前臂能撐亦屬勉强安得從容中的乎蕪之虎口又緊彀矢時弓稍前指的心則矢不能及遠彼謂利於官場謬矣又謂文而不雄不雄則是文亦何所用之大抵握弓虎口緊者矢

出多傷手小若勁弓又當別論然不若不用虎口惟以肩力送前掌直出之為愈也又有用虎口雖緊而矢能及遠者必後手低于前手耳但能低者前肩必彎發弓全憑兩臂撐持臂力有盡弓必不能彀此又不可不知

中平架子者左足直右足微灣左手如推泰山右手如握虎尾弓稍微斜控滿弦挨右腮下鏃至左手中指之末右手虎口緊認定的心一撇右手仰掌往後

一絶。胸骨開。背肉緊。矢去平而疾。文而且雄。利于戰陣。第四

按要略中平架子之病有五。一在右足微彎。二在右手拉弦挨右腮下。三在虎口緊。四五在後手一撒一絶而已。五病中惟拉弦挨右腮下爲害最大。餘無大害也。何也。持弓在手。何藉于足而取必于右足微彎乎。若發矢時。前手虎口緊。恐矢傷于小。不能及遠。前手撒。矢多偏左。後手絶矢多偏右。惟

兩手相應矢出方準然撇絕之間兩手各分一路豈能盡句矢不能不少偏耳故曰四病俱無大患也惟拄弦在右腮下為患最大者以彀弓之根本全在前肩下捲故方引弓時前後拳臂勢反高于前肩及引弓既彀發矢時將前肩從下達上送前掌直出矢方超揚夫尺蠖之屈以求伸也引弓之初前肩反低于前後拳臂者正尺蠖之屈也及弓彀時而發矢前肩送前掌直出者正尺蠖之求伸

也此法後手拉弦必須在右腮之上與耳齊則前肩方得下捲若拉弦在右腮之下後手太低前肩必彎引弓將彀前肩無力撐持右手又往後一拖矢必偏右且引弓亦必不能彀故曰拉弦在右腮下者為病最大也弦揆右腮上者前肩低出矢皆從兩肩并力運開則兩肩合為一氣故開之力始勻乃若弦揆右腮下則全憑兩臂險彀矢用臂而不用肩兩手各自為氣撤絕必不相應故深

知弦挨右腮下之病者。方能深知弦挨右腮上之妙也。

小架子者兩足俱彎。出弓如懷中吐月。架箭如弦上懸衡。左手卧弓。右手摸奶搭滿鏃上。左手中指末。左手虎口緊對的心。右手仰掌一齊分撒。臂膊俱合胞骨自開。背肉自緊。矢去水平而疾者。又能穿扎雄而有威。步騎俱利。能開硬弓。最得射中之奥矣。第三

拔小架子云。兩足俱彎。弓如懷中吐月。箭如弦上

懸衡。諸語皆是虛架子。與射無益。不必論矣。其云右手摸奶是開弓時之一大病。又云。虎口緊臂膊俱合（兩臂一齊撒開臂膊從背後俱合也）。者是發矢時之二大病也。何也。開弓以必殼為主。而殼弓之本。又在前肩骨節平直。若右手摸奶過於低下。則前肩必聳。前手亦低。肩骨不直。發矢必悖。兩臂一齊分撒。臂力有限。兩臂外貌雖見分撒。內剛不足。必不及殼而分撒矣。弓既未殼。而又虎口緊。發矢必不及遠。如是

而欲兩髀膊俱從背後合胞骨開背肉緊開硬弓
而出矢水平徒虛語耳頻見名射多矣始初引弓
雖滿後四五年或數十年或垂老之年坐不滿之
病者百人而百然終莫知所以不滿之故者亦百
人而百則皆模奶之病誤之也模奶之害一至此
令人不察以為妙法紀籍載之世家習之後學者
户誦而心印之入於骨髓可痛也夫故欲去模奶
之病而求彀弓之法者前中平架子中及弓工妻

章內撻經門言之詳矣。智者採焉。

諸家射法無過此三者之勢。站立不同。射法亦異。惟身法內志正外體直無殊傳也。謹識之以為學者劵。

按武備要略云。三勢站立不同。射法各異。今觀三架子勢。果有或直身或灣足或蹲倒之不同。彼云站立不同。此誠然矣。三勢皆是前肩聳起。前後兩臂皆低。則骨節不宜之病實同一轍。安得云射法免言是而行非矣何也三勢骨節皆不直引弓一彀臂力將竭前拳必然顫動非外體直矣手既顫動審視必不能詳明何以正內志乎由此觀之三勢皆坐不彀之病當為世戒何足為後學者之券耶第五段

身法有六忌忌頭縮忌身脡忌前倒忌後仰忌臀露忌腰彎六忌明而立身之法善矣第六段

按法頭不宜縮又不宜太仰犯却垂之病胸歆欽

則無前突之病○大約兩足必須直立而挺其腹則前倒○後仰○臂露○腰灣之病○俱可免矣○身法之弊○大約俱在初學時習成○後卒難改○惟始初虛心好問○聞病即速變得法則固守熟習之後○動中繩墨終身可寡過矣○嗟嗟天下事皆因始之不慎○後悔無及敢知射之精義可以進德可與語道矣

武經射學正宗指迷集三卷終

楊修齡先生較定武經射學正宗指迷集四卷

嘐城高穎叔英父著
茂苑江起龍靖侯點次

雜録射法遺言　共計十六段

莫患弓軟，服當自遠；莫患力羸，緩引自伍。（伍滿也。）第一

勁弓方可遠到，軟弓豈能及遠？即服習之久，人弓相親，大小如意，失發可中近的耳。若射遠，則弓力有限，非捧天而大，則不能到，何云服當自遠乎？軟

弓必欲遠到亦有一法大約弓之上手宜微軟下手宜微勁此弓之常式也若以下手之微勁者以火揉之倒作上手軟弓亦可及遠但軟弓及遠矣必揮天而大終難中的僅可偶用非可為訓也若力弱之人欲彀勁弓必熱肩臂平直之法方能引弓使滿苟不得法骨節不直而妄欲彀弓急引圓不滿緩引亦不能滿何云緩引自任乎

法曰鏃不上指發無中理指不知鏃同於無目第二

按鏃不上中指之末者特引弓不發耳而必其無中理者甚言不發之害以警世必欲其發也然人卒不肯學發者以不發之人發矢能齊亦能中的耳假如引弓不發者箭鏃在弓弝外半寸許是為不發若箭、背然則發矢亦齊所以能中但不能發者矢發多傷于小而中的者少耳且不發之射骨未盡而直惟恃筋力引弓久後筋力少疲引弓目漸不彀始雖不彀而能齊後漸不齊矣彀弓既不能齊矣出又安能齊乎故曰鏃不上指豈無中理也夫云指不知鏃同于無目者是目不能視而寄目于指矣豈知射遠之法目視在弓右自箭桿至鏃以達于的一目可覩何必寄目於指惟射近二十步之内者視在弓左目不見鏃然亦不必藉力於指何也用箭必量臂之長短故長人用長箭短人用短箭各以骨節盡處為彀又何藉指之知

鏃乎。或者臨敵矢竭。倉猝而用短箭。不得不寄目扵指耳。然亦特論其變。非論射法之常也。

法曰前手攢際不由不狠第三

發矢之狠由於引弓之發引弓之發由于骨節之直故竭周身之力以彀弓盡弓之力以遣箭方得平狠若止謂前手攢際而狠何也如使前手虎口際則矢發必小不能及遠若五指一齊攢緊只是把握之固而已矣何由狠乎意者引弓極彀時前手攢際撇出乃為狠耳然撇法矢多偏於左不若以前肩下捲彀弓之際以肩力達之前掌直托而

出。矢可平衡至的。乃為狠之正法，而無勉强之艱難。彀法詳捷徑門，并後或問八章内宜合看。

法曰息氣開弓怒氣放箭第四

夫謂息氣開弓者以射為動事也若又以粗浮之氣開弓恐欲速而未能彀故以息氣開之則沉潜握固緩引自滿耳放箭以怒氣者以為息氣之後繼以怒氣是果鋭發於恬澹之中静而能斷發必中節耳此有得於射中之一見者乃有此議論也孰知又有不必然之道乎夫開弓猛事也以强勁之弓游優息氣以引之氣衰則力必索如何能彀

且射者中微於百步之外以粗而實精者也若以怒氣發之必且震蕩激裂何以中微於遠顛嘗思之射者自開弓以至于發矢只恃此一口氣呼而不及吸者也始之開弓當急而緩則過遲而氣散既而發矢當徐而疾則過遍而氣促故開弓者莫若并氣卷力以怒氣開之一引便發則氣有餘而力鋭一發而相機導竅甘以發之則氣和平而中節且始之發弓既遠則氣有餘而後之發矢從容

有斟酌而無差忒○故曰怒氣開弓息氣放箭方見不易之論○若息氣開弓於前○則蹈氣散之失○而弓難彀○怒氣散矢於後○又太急而氣促○矢亦不準○惟智者審之○

人有云百弩千弓萬彈。第五是以學弩易於射學射易於彈之說也。人皆以射易於彈故初習之人。謂射不必學法。遍往郊野演試。初射時筋強力銳心志專一。不懼不懾蕩蕩無所顧慮。百日之間。機勢一熟。引弓可發。便能中的。自以為射法果易。而資稟之果能過人矣。抑孰知無法之射。骨節未直。肩聳臂垂。胸挺臀亢。專以筋力引弓。其強易弱。不四五年。引弓手顫目漸不滿。

始之未彀者半寸許。未彀而二三寸矣。数年而後益不能彀。無一矢至的。即終身習之不得其門而入者比比也。寧可千日計効乎。此病舉目皆然。雖惑門具之詳矣。此類之親試而且親見者。此病犯過者聞言始信。不曾犯過而初蹈此病者。聞言不信也。

唐荆川先生武編云發矢法弓前稍畫地後稍合右膊後手心微向上絕出出箭而前手撇尚恐矢偏左後手絕尚恐矢偏右合按此法發矢時弓前稍畫地後稍合乎右膊則比之撇絕其勢又震動十倍是粗浮搖蕩之甚者也豈能中的故欲中微乎百步之外非沉毅審固者不能古云後手發矢前手不知方能中微及遠此千古不易之正法豈粗浮者所及哉彼畫地合

騁之說○外觀雖美○求之實用則疎○年少初學者見其綽躍可愛○鮮不為其所誤○細觀唐先生荊川所纂輯○非迂則晦○其間有數行明白可行者○皆出自古語○已為紀効新書所錄○出其餘者想為好事者附謂云爾○

或問十發

一或曰孔子大聖也。於射之義。謂其有修身好學孝弟忠信之道。又謂其可以戰勝無敵。可以臨民順治。今先生又推孔子之意。謂修齊治平之道總不出此。何也。曰道者上天下地而無不包。往古来今而無不貫。射而進於道。無施不可矣。今人但知習射而不深維其道。所以終身習之。識不加廣。而志趣猶夫人耳。請以射之道繹之。當其持弓之初。必先穩立安其體。其開弓也。猛勵迅疾。期其發及既發也。固氣并力。持其盈矢。之將發也。詳審慮精。目愈注。力愈奮。怒張之氣愈斂而愈雄。鏃浸進而不已。肩旋運而徐分。矢發之後。氣定神完。形體凝然不動。是謂後手發矢。前手不知。謹始慮終。而得射之正道。廣其道而推之。夫射之始而安其體者。壯固根本之道也。既而猛力發弓者。勵精克治之道也。又既而并氣持盈者。非翼翼小心勤身修行保業持安之道乎。及其發矢。形神愈銳。怒氣愈微者。又非競業以善後。無怠無荒。無剛柔强弱而時出之道耶。矢發之後。形氣安閑者。即雍容和平以養清靜恬煕之道。何以踰此。由此觀射。則於孔子之言與修齊平治之道。果相通矣。今人習射。未發而即發者。固不足道。其有將發即脫。無暇堅持周詳者。是爲謹始怠終。行衰於末路。功墮於垂成。以此推之。修身治民。爲將爲君之道。胥失之矣。射之所包至廣。故於射學之終而極論之。此天造地設之理，非勉強湊泊成章也。

二或曰射者乘機發捷以殪敵於目睫者也今觀射法一矢之中轉折多方則學射者必欲盡習于法發捷之須不其艱阻遲留而得機勢乎曰不然射法雖繁得勢則捷譬之破竹數節之後迎刃而解無復着手處者得勢故也故學法者熟習之久巧妙自生舍矢如破矣何患轉折之多方假使學法之人與不學法者合會角射得法之射手一開而即發弓既發而能持體固神完畜猛鋭之全力而

甘以出之故其出也中微及遠得勢得機習之溢久愈增多味日新其好學無已之心而樂生矣樂非止于射也樂其理也理明而道存其人之志趣愈遠而樂射不倦矣其不學法者將彀即脫促急猥瑣魂神䠤尯肩聳身欹機勢俱失即少壯之年意氣消沮而倦憊衰歇之念生矣此得法與不得法之分也法何可不學也第學法者始習甚難不學法者始射甚易庸人樂從其易而憚其所難智者雖不憚其難而若于無所適從也此類射學之所由作也

三或曰：射法以簡便為高，今先生射法必欲前後肩臂平直，骨節痠痛，月餘方止。年少手柔者亦須二十餘日始安，不亦難乎？何不少貶為可幾及也。曰：不然。予之教人以難，乃其所以易也。難易之説，提徑門已詳矣。請以弩喻：弩之所以易於取中者，以弩身直也。直則持滿不動，故發矢必準。人之肩臂猶弩身也，可無直乎？此而不直，正所謂舍正路而不由，終身習射不得其門而入也。入門之法，詳于提徑門。然平直之本會在前肩。故令下捲。而肩窩前向。又恐前肩過突。而括臂之病起。令拳臂前就。青竅與目齊。肩窩前向。肩上小潭曰窩勿復退縮。而愈捲愈下以歛之。此有口訣則筆不能盡括臂之患消。後肩反聳。前肩及低。方為平直。此法詳于辨惑門引弓篇與弩身等。則持弓自然滿固不搖。而射法盡矣。是為一勞永佚。何惜兩月之艱辛。不以破終身之迷也。若不求合法。只求簡便。令人眾習法而射者比。此簡便熟一易。終身習之。茫無所得。簡便安在哉。子欲予少貶以便拙射。誤矣。

四或曰既云兩肩平直矣又云後肩聳起及高于前肩何耶以前肩易聳後肩易低故引弓未發時使前肩反低及發矢時兩肩一齊并力平平運開始得其平直如衡而弓不求彀而彀自至矣此段宜與辨惑門引弓篇合看為美

五武曰：既云兩臂平直矣，發矢時後肘稍垂者何也。

曰：引弓滿極之時，兩肩既平，兩拳又平，前拳與目齊，後拳與耳齊，若後肘不稍稍下垂，則後臂更無退步，後拳如何發矢。故後肘下垂，則手心向前，發矢得勢，即所謂後手發矢，前手不知之法也。今人又有引弓未發，後肘便垂，是徒慕下垂之名，而不深維其義者矣。

六或曰恐後拳發矢無勢後肘下垂以張其勢是矣後拳如何獨與耳齊不肯下垂以便其勢只令後肘獨垂亭曰後拳與前拳如衡之相對豈得獨垂使後拳一垂必牽動前拳俱垂矣兩拳既垂前肩復聳骨節俱鬆發矢必不準此發矢時後拳只宜與前拳相對平脫令手必向前輕開毫不得下垂耳

七或曰既云兩拳平對臬何前拳與目齊後拳稍低與耳根齊何也曰此法但指武場中射的於八十步者然耳亦指軟弓射遠故前拳稍高矢可遠到若劲弓射近後手反高尚恐矢益過的端酙酌在人不可執一審法詳捷徑門

八或曰人言胸前肉開背後肉緊之法者衆矣然卒未見其人者何也曰人但聞其言未繹其與耳夫兩臂之力根於肩前肩之力根於背後肩之力根於胸骰極發矣之時須用背骨俗云飯匙骨并力向前番下送前肩從下達上而前拳之出矣始平而疾胸前之骨豎起送後臂從高瀉下向背後瀉而後拳之脫弦始輕而勻如此則胸前肉不期開而自開背肉不期緊而自緊矣前捷徑門審彀勻輕注之法皆托根于此今人不

知此法。如武備要略云中平架及小架子。俱用前手撇後手絕。兩手一齊分撇。為胸前肉開背後肉際泚也。何也。射貴剛中剛蘊於內而柔出之則發矢猛厲而能中節。若以撇絕為發。則銳氣盡發於外。內剛不足用臂而不用肩弓必不發。兩手分撇身勢搖動。矢必不準。即或中的。居常乃爾。若臨利害之場必多喪失。此皆顛之所屢試而歷覽者。故書之以示知者。

九或曰：先生射學入門僅言射法已耳，指迷集條著諸法之利弊已耳。至對的發矢時之病，何一言不及也？曰：凡人對的時存一求中之心，百病俱生，不可名狀，因病而藥，必須目覩而口授，不能預擬而筆也。假如良醫之治疾，手到病除，然不能未病而授之劑也。今子欲以病筆之書，無乃未病而藥歟？

十或問曰先生所云尺蠖勢引弓時先將前肩下捺以畜其屈曲之勢弓將發時兩臂從高壓下俟臂平直則矢隨出弓必發而矢疾故名尺蠖勢今觀要略所云三架子勢俱是引弓時先將前肩聳起兩臂下垂亦畜其屈曲之勢及弓將發兩臂托直求伸以出矢亦是先曲後伸之意云何弓多不發乎曰此理易曉人未之察耳大抵自上而下者其勢順自下而上者其勢逆尺蠖勢先下前肩發時

兩臂從上壓下以求伸。其勢順。故彀弓易。若三架子勢先聳前肩。兩臂從下托起以求直。則彀弓難。但聳肩易。下肩工夫難。故人樂從其易耳。嗟嗟天下事爲有易而衹精者乎。豈技而衹精者。其始必先有所甚難也。而況射之道至大非可[illegible]曰字。

揚修齡先生較定射學正宗指迷集五卷

嘐城高　穎叔英父著
茂苑江起龍靖侯點次

引弓體勢圖說第一 凡九圖共十段

射之法莫先於彀彀之托根全在前肩下摟為尺蠖屈曲之勢而下屈之勢又須預蓄於開弓搭箭之初弓既開之後兩臂為弓所束前肩不能復下故云預蓄于開弓之初故開弓之初先下前肩使肩窩前向後手扣弦將肘向上縣提前掌托

實弓心。前臂畨直向地。兩手一齊撐開約二尺許。然後前拳骫（音竅）起。（前肩下實不起。只將前臂斜起。故曰骫。）與後拳齊力引滿。此時前肩反低。後肩反高。急將前肩從下達上送前掌托出。則前肩下壓之勢。至此方伸與前後肩臂平直如衡。（雖曰如衡。到底前肩之勢須下曲達上。則出箭方狠。前肩將直即出矢。方為出得其機。故狠。若肩直過而後出矢。銳氣已盡。出不得机。勢何能狠。）猶尺蠖之屈而求伸。弓不期彀而彀矣。不然。開弓搭箭時。如武備要略所載三等架子。着先將前肩聳起。引滿之後。兩臂已為弓所局前肩如何而下骨節如何解直引弓如何解彀乎故欲彀弓者盡先於開弓時體勢求之哉然耳聞不若目覩以言教人不如以形示人頴先以要略三架子勢圖之於先而創尺蠖勢圖之於後兩圖並陳使智者並觀而審所擇焉大架子中平架坐馬架三勢予觀大江南北及九邊射者俱不出此故武備要略録之此勢從來已久而非自要略始也故表而出之使知射家之流弊賢者不能免也

武備要略搭箭開弓

圖第二

如此勢引弓搭
箭前肩預聳前
後手預低骨節
不直引弓惟恃
筋力撐開未彀
時前肩不得番

直推出後手不得從高瀉下之勢用一分力方能開弓一分如平地拽石步步費力引弓將發臂力已竭前拳顫動不能撑持後手不能凝定斟酌急忙吐出如何能發必須如後面尺蠖勢引弓先下前肩前拳對的直推後臂從高壓下則發弓得勢比前聳肩者十倍之易既發之後畜全力以發矢斟酌如意矣

武備要略大架子圖第三

此大架子前○肩稍平直○比之中平架子稍善○畢竟前後手低而前肩聳起○引弓

發時後臂肘膊合緊更無退步則後臂只有吐出之病恐其吐也後手往後一掩矢必偏右前肩聳起弓將發時肩力更不能向前推出一分强欲推出必然一撇矢必偏左久射之後筋力一竭矢漸不彀始之不彀者僅寸許不五年而寸許者漸至二三寸矣此時終日習射無一矢至的人皆知不彀之病使然熟知肩聳之流弊乎

武備要略中平架勢圖第四

按中平架子。前肩獨聳前後手皆低比大架子尤甚。引弓前後肩臂骨節不能

平直肩力無所用。全靠兩臂撐持。雖大力之人。弓一彀時。兩臂必然顫動。弱弓且然。況無力之人引勁弓乎。又況前拳既低。矢出必不能遠到。恐不能及遠也。臨發時將前拳一縈而出。則矢雖見遠到。然大小之間必無定準。頻見拙射犯此病者屢矣。雖言之諄諄。奈聽者之默默乎。

武備要略 小架子坐馬勢

圖第五

按此圖乃摸奶之勢。前後肩俱高。兩臂低。骨節不平直。甚於大架中平架。有力無所用之。日日

三四迴射矢猶準五六迴後射無定準一臨利害之場中心無主兩臂筋疲顫動矢不知偏於何所矣年未及衰必犯不彀之病令人坐此弊者十之九而未悟其為骨節不直之故者種種也又有學伸骨而不得其竅半途而廢者有之又有已不能學而沮他人之學且謂直骨節之無是理則誤甚矣故曰可為智者道難為俗人言也

武備要略撒放勢圖第六

如此之勢。發矢前手如托泰山。後手如抱嬰孩。即此謂也。但前手撒。後手絶。外

貌殊見雄猛。然氣焰俱現於外，仍力不從肩出。矢發氣浮身動。何能及遠中微。且骨節不直。引弓必不能發。而能為怒張之氣。觀美亦何益乎。何如尺蠖勢。前肩低而前後臂俱高。發矢時。前肩從下達上。送前拳直出。後臂從高瀉下。愈瀉愈發。矢皆從肩內推出。捷疾而身色不動。內剛外恬賢於此勢遠矣。

以上文武備要略引弓撒放圖。以下皆指迷集引弓撒放圖。

指迷集尺蠖勢開弓圖第七

尺蠖惟屈所以能伸開弓將前肩先下前辟番直向地後肘朝上扣弦提起前

肩下定不動。只將前臂舉起。兩拳一齊撐開。前拳與目齊。後拳與腮齊。而弓已彀矣。此時前肩尚低。前後臂俱高。前肩從下達上。送前掌托出。後臂從高瀉下。而後拳平引。則弓不期彀而自彀矣。如諸葛弩之控弦。只此後機從高壓下。弩身直挺按定不動。故不勞力而弩自彀。今人不知彀法。引弓先聳前肩。專恃臂力撐開。故弓一彀。臂力已竭。隨即吐出。不能從容審的。如何彀矢必準。若用尺蠖勢彀弓。後手向上一提

便彀既彀之後前肩從下按實則前拳直撐力量有餘後拳平引與前拳相對以張其勢兩肩并實運開

輕句以彀矢大小左右隨意所指何難於中的乎哉

輕句法詳捷徑門

指迷集尺蠖勢引弓將彀圖第八

引弓將彀時。前肩愈按實下捲。送前掌根托實弓心。大抵引弓初滿時。前拳高亢

起與鼻齊後拳與耳齊弓極彀時前拳撐實對的後拳漸低與腮齊此時前肩尚低于前後拳臂則骨節猶未平直也然臂力將盡以肩力繼之兩肩并力瀉開矢鏃已至弓弝中間漫進則兩臂平直彀極矣將發矢時後拳無退步故後肘宜漸垂輕勻以脫出後肘垂圖在後

指迷集尺蠖勢引弓彀極矢臨鏃

圖第九

弓極彀時○後髀骨節已盡○後肘與膊合際○彀矢時○後肘不垂○後拳更無退步○故

以肘稍垂。矢發時方可垂。若未發時肘不宜垂。後拳切勿下垂只宜平

脫。令人學尺蠖勢者。始初亦知下前肩矣。至弓彀發

矢。時後肘稍垂。後拳亦縱之而垂。引弓非不彀也。但

後拳垂。前拳亦爲後拳所牽而垂。前拳既垂。前肩復

聳矣。孰知前拳若垂。發矢必不及遠。前肩復聳。則前

臂主持不定。矢出亦不準。而始初下前肩之功俱不

效。所以學尺蠖勢者。未見其美也。故學尺蠖勢而先

下前肩者。當極彀時發矢。必將後拳守定。與前拳相

對勿垂只將後肘垂而前肩從下送前拳從上達出弓愈滿前肩愈下後肩愈聳兩肩繃開鏃至弓弝中間浸進兩拳相對平脫此時前肩之下屈者方伸後肘之勢將垂而矢正從此出是得機于此得勢于此而尺蠖之法方見全美而收其斂使前肩未盡伸而矢即出則失之早前肩已伸而矢不出則失之遲後肘不垂而出矢則氣未足而出無勢後肘已垂而後出矢則氣竭出亦無勢是前肩後肘之間遲速失宜

出矢皆不可言得機勢。惟前肩下極方伸，後肘平極將垂，矢正從此發，飽滿充足，不先不後，方為得機得勢。嗟嗟，非沉雄之士，安能至此哉。夫射法只有三大端：始而引弓之速發也，既而持盈之堅固也，終而發矢之得機勢也。非從尺蠖勢者，不能到此妙境也。尺蠖勢妙境在此數行。智者勿輕也。

指迷集尺蠖勢撒放圖第十

發矢法不專用臂專托力於肩。直推而出。不撒不絕。前肩從下

送前掌根直托而前虎口自然不緊彀極肘垂而矢即發掌心自然向前輕勻平脫體勢及覺朝後聲色不動出矢自雄正所謂後手發矢前手不知者也較之要略所載撒放勢專以撒絕發矢銳氣盡露於外彀弓沉雄之實則不足重動身搖矢發偏斜者異矣

武經射學正宗指迷集五卷終

武經射學正宗指迷集後序

眉山蘇氏云。有意而言。意盡而言止者。天下之至言也。故意盡則無杈言爲矣。夫射一技耳。習之者不過一張弛焉止矣。何射學兩集數千言不止也。無乃意盡而言不止耶。而非也。射雖一技乎而其道至大〻道至一也而書道之說則至紛惟其道紛然雜出則一言一行之偏皆足為道之蠹而道始不明於天下無惑乎今之射者雖有良材美質童而習之白首而茫無所得皆雜亂之說錮之也此子

所以不能無言而言。所以屢遷變易而不能自已也。言雖屢遷。而總之歸明變幻。驅除異說。使天下羣然以歸於正道。猶禹之治水。疏瀹決排。無非盡驅之海。孟氏之闢邪放淫。無非羽翼聖教。則予之數千言不止者。即疏淪闢放之意也。烏可已也。乃今之論射者輙曰。射之道始而開弓。不過兩手平直如衡而已。既而發矢。不過兩臂軽匀而已。終焉中的。又不過審視詳明而已。則射之道兩言盡之。奚以多言為也。不知所以如衡。所以軽匀。

所以精詳而明辨者。其間先後疾徐合宜中節之道。則不可勝窮也。而天下邪僻迂疎之說。足以蠹戕宜節之道者。又不可勝窮也。夫邪正不兩立利害不同途。今欲盡舉射中之法。安得不搜射中之弊而詳示其端。則予

之書。不爲無意。而有意之言。是爲至
言。以至言告天下。天下必有以誠應
者。故是書也。不藉貴人言以弁其首。
亦不假文士之筆。以飾其辭。而直書
其所自信者。示人以明白詳顯之辭。
發射中隱微之秘。昭如日星。雜於眉

列。使後世博雅君子見之。知其為理之正。厚重少文者讀之。亦能曉暢而通其意。曾不效世儒之纂輯。文非不古。意非不幻。而皆粉飾於虛張容貌之粗。而於志正體直之由。中徵及遠之根竅。杳無所得。則奚取於文辭之古也○射學兩集○乃予四十餘年射癖所鍾○要皆考集四方射家之精意○出於天成自然之節○非有勉强矯拂之偏○一朝盡吐○傳之其人者○亦嘗竊計之矣○丈夫不能為將相以安邦○亦當為良醫以濟世○今頽年幾古稀○丁

國家多難之秋。不能為
聖天子分一職之任以佐時艱。而恥生無益於時。死無聞於後。為陶士行之所羞也。故舉射學之輿集之編以為當事者驅除一臂之助其名之入門云者縷指射中之捷徑開示人以入道之階梯也。名之為指迷云者。辨古今射法之利弊。杜人妄趨之徑竇也。儲之歲年。攄之胸臆。以俟君子。自知僭妄之愆。無所可逃。然罪我者恒於斯。知我者恒於斯。知我者必虚心好學之士。夫為拙射所惑。而惟理自聽者也。罪我者必多聞自是之老積學滋久而以先入之言為主者也。自是者愈趨愈遠，弊與歲增。虛心者率出正道。功可日計。嗟嗟。若使中道之道得行於好學虛懷之士。則顛雖以僭妄獲罪。所忻願也。

崇禎丁丑仲春既望高頴識

射法總説

〔明〕何汝賓

射法總説

《射法總説》一卷，撰者不詳，被收録在明何汝賓所輯《兵録》一書中。明何汝賓《兵録》十四卷，《中國善本書提要》《中國兵書總目》著録，有遼寧圖書館藏明崇禎五年刻本、中科院藏明崇禎間刻本、美國國會圖書館藏明崇禎刻本以及多種明清鈔本，《四庫禁毀書叢刊》子部第九册影印中科院藏本。影印使用的底本是日本内閣文庫藏鈔本。

《兵録》的自序作於萬曆三十四年（一六〇六），卷三收録《射法總説》。《中國善本書提要》引《吴縣志》云：『汝賓字寅之，蘇州衛世襲指揮。天啓二年調昌國參將，行伍用命，撲洪宇於石浦，覆林洪於近洋，蹙林淑舟，踣張一老，所至奏捷。喜文翰，嘗輯《舟山志》。遷廣東都督僉事。』〔一〕按，清雍正年間修《浙江通志》卷一五二《名宦》也有何汝賓傳〔二〕，傳稱他在昌國參將任内革除了種種舊弊，『士伍感恩用命』，是故屢有克捷，亦見何汝賓確是一位武而能文的良將。《射法總説》的内容基本上是鈔撮各家而成，其中最主要的是俞大猷的《射法》。此

〔一〕王重民《中國善本書提要》子部兵家類，上海古籍出版社一九八三年版，第二四六頁。

〔二〕（清）李衛修，沈翼機纂《（雍正）浙江通志》卷一五二，《景印文淵閣四庫全書》第五二五册，第六一五頁。

外有一些古人和當時人的議論，如丘濬《大學衍義補》的内容等。書中强調射法之妙在用臂而不在用肘，建議把弓時令弓稍向前略斜來代替竪弓和平弓，這些都有一定見地。所述馬射同程宗猷《射法》、程子頤《步騎射法圖説》，包含分踪向前射、對蹬向旁射、抹鞦向後射。《射法總説》認爲分踪射法乃花巧之法，不適用於邊軍；對蹬法衹可用於在路上遇見一兩個敵人的情况，并且需要熟習左右手。這一説法實際上是襲自鄭若曾《籌海圖編》卷十三《馬箭》一節。

兵録

三上

兵錄卷之三

射法總說

夫簡練服習莫要于射何者兵戎之器所及不過尋丈而弓矢則加遺百步之外不待兩刃相接而威已先振矣妙寄心目壯軍容於萬末銳入肌骸挫敵勢于弦聲兵戎有利於此者乎易曰弧矢之利以威天下信乎其威天下也故古人謂軍器三十有六而弓為稱首武藝一十有八而矢居第一

一射貴治心〻治則神完而力裕慢〻知鏃過一枝審過一枝大抵中的之箭皆自從容閒暇中來未有慌忙急遽而能中者也豈特射乎凡天下之事緩則得忙則失先賢謂天下甚事不因忙後錯了此言當熟味之乃治心之要法也

一頤惡傍引頸惡却垂胸惡前凸背惡後偃惟無此等骨髓之病乃身法也

一凡對敵時射專心看定賊決不可看扣目一稍瞬則不及避而制于人矣即平日對把射亦須

就之則弊必至于不際而矢類描天之高矣盖前手要撆撆者拂也前手對的拂去弓稍直持的中央若過的則殆矣後手要撧撧者掣也後手一掣五指着力放開翻掌向後如側手打物狀然夫發矢之時兩手着力齊分一撆一撧不輕不重無先無後則箭疾而不偏中可必矣此手法也

一把弓必須大指壓中指此古法也不可不從之然其體有二弓稍直上謂之豎弓横平而射謂

之平弓要之不如弓稍向前畧斜不平不豎如斜月之狀為妙耳此把弓法也

一射法以右手大指鉤弦以食指鉤大指承箭然不宜太緊太緊則傷羽箭去多搖擺亦不宜太逼太逼則箭曲發便斜矣其大指所以鉤弦太緊者為因無名指小指鬆開故也學射者有此病須以無名指小指共掐袖底于手心即箭去不搖擺矣此鉤弦法也

一凡射者前腿似橛後腿似瘸隨箭改移只在後

看定把子而不看扣庶幾臨敵不悮此眼法也
一令人教射先以肘直為主殊不知射法之妙在臂而不在肘臂着力則弓自滿而肘自直一身俱有力矣夫用臂力先後有徵驗開弓之始前臂着力將滿之際兩臂齊力則胸前骨開背後肉際若胸背無徵驗必兩臂未齊力也或前臂着力而後手不應箭必在的之左後臂着力而前臂不甚加意致力箭必在的之右惟兩臂齊力則一擘一絶手疾而不偏實而及遠雖風不為

之搖動矣但要無用力形狀坦舒自然使人不見為妙此臂法也

一法曰前手如推泰山後手如握虎尾甚言其用力也何者前手鬆則打袖而矢去多搖後手鬆則矢去遲而不能及遠又曰射大存于小射小加於大存者壓也壓其前手也的近箭大則存其手以發之加者舉也舉其前手也的遠箭短則舉其手以發之雖然箭不及的但加前後一緊則到矣不到便是未緊若以未到而舉手以

脚左肩尖直對右脚尖丁字不成八字不就射右改左射左改右此足法也

一凡射者或升的于高山或置的于深溝或曳或擲或遠或近使其的縱橫不一而箭發必中若達靼之掛針于木紀昌之垂虱于牖射之輒中乃可以言善此立的法也

一臨敵時只當看賊首射之賊首斃則餘自潰其馬上之賊只當看馬射之馬若斃則人自危故杜甫曰射人先射馬擒賊必擒王蓋疆場之間

非彼則此一發不中心惶目眩必為敵斃陰符經云生者死之根死者生之根幸生則死必死則生只是要膽大不怕死直待敵至数步内看準而發〻必殺敵若敵尚遠而輕發不中徒窮矢力不如不發也鼂錯曰射不能中與無矢同中不能入與無鏃同昔漢将李廣見敵時度不中不發〻則應弦而倒此射敵法也

一法曰端身如幹直臂如枝直臂者非初直也架弦畢便引之及滿使臂直是也引弓不得急〻

則失威儀而不主皮不得緩〻則力難為而箭去遲惟善者能之

一法曰射不入鐵不如不發射不入石徒勞爾力又曰有力不親不能害人親而無力不能入物又曰疾而箭狂反被敵傷親而箭遲敵可閃移此三者射之要也

一記曰内志正外體直然後可以持弓矢審固然後可以言中夫所謂正直者存于未發之前審固者用于將發之際維時弓滿發矢而平昔之

澄心端範工夫既充然有餘又把持堅固熟審
後發〻無不中矣語云射法中審字與大學中
憲字同看蓋射必以正箭之中的必始于正曉得那的之去處其心正
向並無疑惑正而後能直直是身不歪斜心裡既正所以身體就不亂動矣
直而後能固固是堅固身體既直隨處皆直所以前手直持堅固搖動不淂固
而後能審審是詳審前手既能直持堅固則自能詳審真功不動不錯矣審而
後能中矢矢熟審而後發百發百中矣統观之不特審與憲同
也審之前由正直固而妙於中與憲之前由定
靜安而妙於得豈非一一相脗合者哉熟玩之

迺得

一審固二字固在手而審還在目二者俱心主之且不分先後即此時審即此時固自初開弓以至發矢俱當審固但于滿時猶當加意焉令人徒知矢不容卒發遂停審於開滿之後以致氣餒箭縮殊不知弓滿時精力未免稍竭手足未免稍虛若卒然而發則矢之直不直中不中非由吾心使之也是卒發固為不及而停審又為太過均失審之義矣蓋妙在不先不後間也

一開弓時動也放箭時靜也動要弓滿力到靜要心得巧至然開弓雖屬之動而其所以中的者必主乎靜知動靜之微機而巧力並到可以語射矣烈女傳曰怒氣開弓息氣放箭豈虛語哉

一射有天地陰陽文武之道必須察識而習之何謂天即如一弓耳有前二季疲後二季勁者此曷故哉大抵春夏雨水蒸濕則弓疲秋冬風色嚴冷筋角堅固則弓勁是弓無變遷實隨天道以變遷也何謂地即如北方之弓類剛而難張

南方之弓類柔而易張此豈體制異耶又豈挽之者有強弱耶非然也祇為北方風氣高燥故弓力之柔者可使為剛南方風氣卑濕故弓力之剛者可使為柔其弓實一而已安得謂非地道斯二者猶以天有寒暑地有濕燥是以截然不同至于幾日内或前日如此而今日又如彼或今日如彼而後日又如此甚至一日之間而幾番異同正以陰晴風雨轉眄無常故也況風之東西易向則發矢亦自有竅會而矢之以浮

況判陰陽又無論矣非陰陽之道乎又若弓而久張則失其力久弛則失其體故曰張而不弛文武不爲也弛而不張文武不能也一弛一張文武之道也此雖孔子以弓喻民然弓之理固自如此吁一射也而衆理該焉習射者可不審之而闇其理者輒侈口曰吾能射無惑乎矢之虛發也

一古人所謂時習者非獨指對的發矢而言也平居之日搭箭引滿一依手法日〻引之時〻引

之至於對的發矢之時但求得法與否不計其中的與否時習之際一如對的時一般對的之時亦如習射時一般用心用力務使時習工夫發之於臨射之際所發之矢得之於所習之法乃為妙耳然平時引弓心無所分能取必于滿其箭比塲射之箭務長幾分弓比塲射之弓務強幾分引之不已氣力自生至于臨射之時須量力用服手弓矢力勝其弓從容閒適引無不滿發無不中矣

一凡射時手足臂目各有定位不容毫髮之差如以的為主前拳對的目在拳之上的之中前臂在目之下前足在拳之下箭在頦之下後手在右乳之前若繩之直然微乎微乎學者宜思而學〻而思也

一凡矢搖而弱皆因鏃不上指也法曰鏃不上指必無中理指不知鏃同于無目此指字乃是左手中指末知鏃者指末自知鏃到不假於目也必指末知鏃然後為滿必箭〻皆知鏃方可言

射

一箭法曰箭者殺人於百步之外者也射者必矢量其弓弓量其力無動容無作色和其肢體調其氣息一其心志故曰莫患弓軟服當自遠莫患力羸引之自伾但力勝其弓必先持滿射之先近而遠此不易之法也大都還要學拙滿射遠能到然後自近求準譬如一人從未開弓便止射二三十步起手如此一爲所局豈復能遠寧可先遠而過的不可低而不及也即如兒童

學倣書亦必先學大字而後小字習者詳之

一荀子曰弓矢不調羿不能以中微是所謂調者豈止于弓之強弱與矢之輕重調適相得而已耶必使偏者調之而歸于正斜者調之而復于平曲者調之而底于直然猶未也必常常搭箭引滿調之去其餘性而用其實性故教琴者曰三日不彈手生荆棘其猶是夫若不調而射中的且不可得安望其中微耶

一兵法曰知彼知己百戰百勝吾于射亦云然凡

射者惟知人之善處便思己之善處何在知人之病處便思己之病處何在如此非惟較量不爽毫釐而吾之射法當自有進焉者命中之巧不基於此乎

一射法莫要于敬敬則心有主而不忽與勝我者較射其心業業然依法而射不可有一念防人之多中若有一毫防人則心無定主發必不中若與不如我者較射其心亦當業業然依法而射不可有一念欺人之不中若有一毫欺人則

心將怠慢安能勝人武場中亦然武場中射與射賊稍異武場中以從容審決為主射賊以敏捷神速為主然從容中不可無敏捷敏捷中不可無從容也

一射有虛實箭去疾而空中止見一點黑子者實也工夫已到自擊絕中来箭去遲而見鏃見羽者虛也工夫全無前後手俱不着力者也虛箭無風猶可有風則飄去矣實箭有風且不能動而無風愈可知矣

一生弓不可必中生踈不可必中弓強矢輕不可必中心神恍惚不可必中弓弱矢重不可必中氣驕志怠不可必中射多力疲不可必中好勝之心勝不可必中懦怯之心生不可必中

一考工記弓人一事取材各以其時而凡折幹液角合膠與筋用膝與絲盡其妙用乃為良弓若今製弓者多苟且塞責取之不以其時造之不得其法以故不堪于用必須依倚古法順天之時隨物之性用人之能如此則弓無不良矣

弓良矣而矢不合度雖其人巧力俱全而亦不能命中何則幹前弱則矢行而低後弱則矢行而旋中弱則矢行而曲中強則矢行而起此強弱失中之過也羽太多則矢重其行必失于緩羽太少則矢輕其行必失于急此豐殺失節之過也欲眡其豐殺之節宜以指夾其矢而搖之以約其輕重欲識其豐殺之稱宜以指撓其幹而曲之以審其強弱一如古製造之強弱豐殺悉無偏觭則矢無不良者矣弓矢既良巧力既

到射亦何難中哉

一教騎射箭法曰勢如追風目如流電滿開弓急放箭目勿瞬視身勿倨坐出弓如懷中吐月平箭如弦上懸衡

一騎射把箭法武塲中以一矢挂弦二矢握手弓弝若為便捷若臨敵時必須矢插腰間務足三十餘枝又必挽轡於後手以便驅馳

一丘瓊山曰今日隊伍之法宜如科舉取士式每軍各執一器如士之專一經而各經皆兼習四

書其鏟刀之類乃其本經弓矢則其四書也孟子曰其至爾力也其中非爾力也得之心而應之手蓋有心巧存焉是未易學而能也惟習慣斯巧自生亦惟習慣者可默受其巧賈誼謂習慣如自然時藝家亦謂文入妙來無過熟皆此意也是在善射者日與衆較斯不期善而皆善矣故一人善射百夫決拾則是全隊之中無非善射之士由是敵在遠則用弓矢之利敵在近又用刀鏟之鋒長短兼習而遠近無敵矣

實握射圖

此法弓滿左肱
直如弦而弓斜
如月前平奶頭

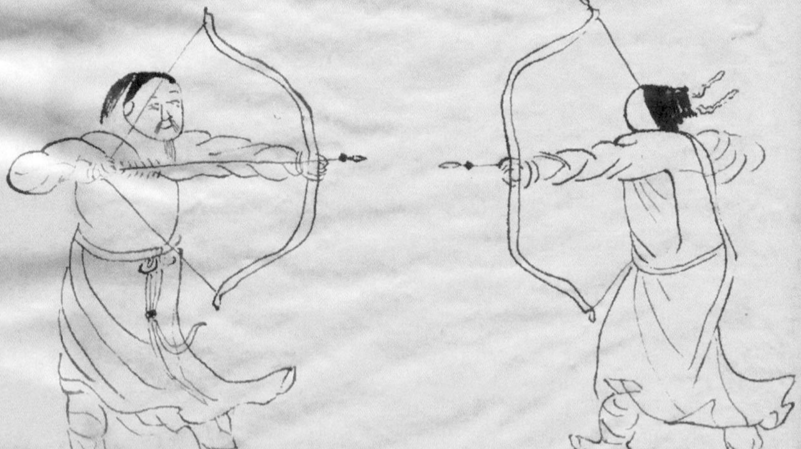

掌心推射圖

此法弓滿則弦之曲心對下肘平如衡而弓須無八分平勢

馬箭之法有三曰分踪向前射也曰對蹬向偏射也曰抹鞦向後射也此武士之長技也愚謂分踪者以馬之頸鬉為界一邊挽弓一邊發矢乃美花巧之法邊軍不然以身俯出馬外手此挽弓就於此發矢臨敵倉皇之際庶無繆悮對蹬者主左一邊而言今北方嚮馬常勒馬由道右而行讓客于左以便發箭亦此義也然是法但可施於途遇一二人耳設使衆敵蔟射一敵在右將旋馬以應酬之耳學騎射者須習左右手皆便方可

馬箭分踪式

馬箭對蹬式

馬箭抹鞦式

鳥銃總説

兵法曰以火佐攻者明諸器之中鳥銃第一中國原無此器傳自倭夷始得之此與各種火器不同利能洞甲射能命中弓矢勿及也凡造銃者須知鍊鐵蓋鐵中原有渣滓夾雜須煅煉不已融盡渣滓抵于精純方免脆折爆損之患故十斤而鍊用一斤者為上十斤而鍊用三四觔者為次所貴惟在于造時鍊鐵熟兩筒相包原孔甚小用鋼鑽〻之一日鑽寸許至底而止一

藤牌内放圖

用藤牌手一人作低平势於前将銃执架牌右照蹲旋势如式放去賊但知向牌高處殺進不知内有伏銃藥燃銃响敵人聾顧即不為銃所中亦必為牌所傷矣

弩箭總說

太白陰經曰弩者怒也言聲威響如怒故以為名其力也穿剛起堅自近及遠古有黄連白竹八擔雙弓之號令有交車中及七百步攻墻拔疊用之擘張弩中三百步〻戰用之馬弩中二百步馬戰用之弩張遲臨敵不過一二發故或者以為戰不便于弩然則非弩不便于戰為將者不善于用弩也若謂弩不利短兵當别為隊攢箭注射則前無立兵對無橫陣復以陣中張

陣外放畨次輪迴張而復出射而復入則弩不絶聲敵無薄我夫弩置必處其高争山奪水守隘塞路破驍陷果非弩不克者也

教弩訣法曰張弩後丁字立當弩八字立高揎手屆衫襟左手承撞右手迎上當心有張々有濶狹左腔右膊還復當心安箭高擧手敵遠擡頭放箭敵近平身敵在左右回身敵在高擎手敵在下低手發訖唱殺却掣拗蝎尾弩還着地

古人用萬弩齊發勝敵今試以寡論之假令弩手

三百人先用百人弩已上箭已搭列于前名為發弩再用百人弩已上箭已搭列於次名為進弩再又用百人列于後方上弩搭箭名為上弩先百人發弩者發完退後以次百人進弩者上前變為發弩以後百人上弩者上前變為進弩以先百人發完者退後變為上弩如此輪流發矢則弩不致竭矣

輪流發弩圖

輪流進弩圖

輪流上弩圖

令四方擅弩之地而皆不用古機惟以鹿角為機如弩弦粗大一入角機則滚出弦逃如弦細小則機㩳而弦不發令師古式制小機又試古機单規審猶不甚準復改規為一凹字之形從凹中對箭頭從箭頭對敵覺無空失

銅弩機有匣全圖

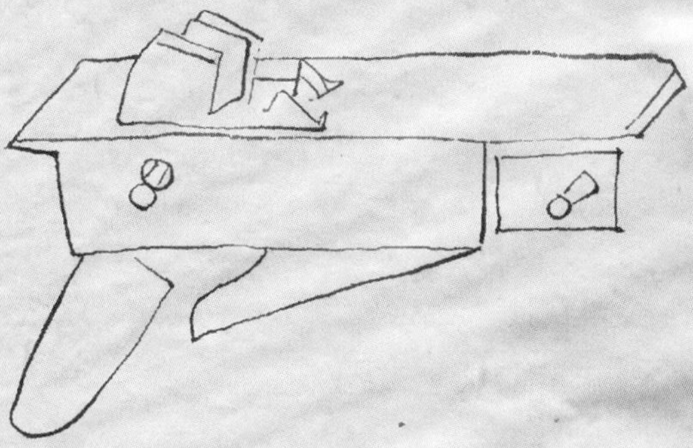

銅弩機無匣全圖

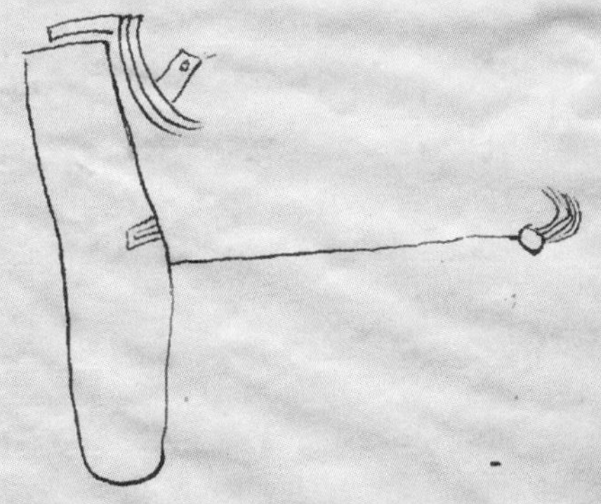

錯 三十二三十五葉

箭筒以竹為之兩頭存節取節比箭畧長一寸中間近上開一門〻之長短以箭出入無碍為率竹見風多裂破故毛葫蘆兵射鹿取鹿陰囊皮上下包裹見風不裂稱毛葫蘆兵者以此

弩箭筒圖

箭端以核木為之上面斜開長短二槽濶狹以容箭為規如箭彎必不能致遠射親將箭用火焙熱入槽内調端使直即箭去遠而親矣

弩箭端圖

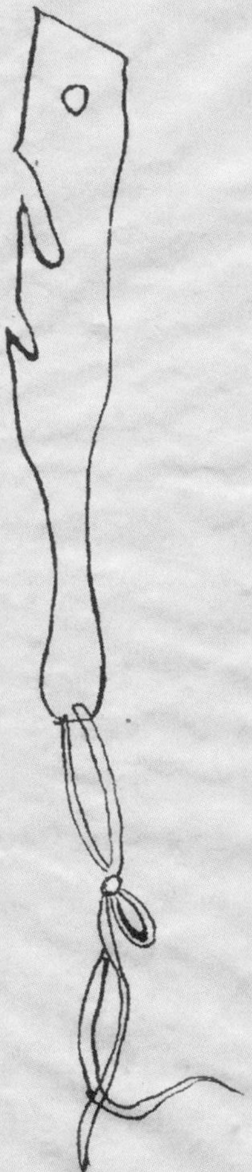

凡削箭用老竹節長者先將火燻乾去油則性硬直不彎晒者雖乾放久又彎矣近節處兩頭蹺彎可截去彎的方用再將竹根週橫輕鋸一痕跡作為記號不致悮用竹根倒為箭頭如悮用箭去不遠如翻觔斗而墜矣將竹破成箭胚劈去竹黄再晒乾削時量其大小先削四方再削四稜再削圓毋得一節大一節小必要從根至梢一樣均勻再用力後圖視刀細刮圓淨箭頭斜削三刀毋大鈍此常射禽用也臨敵必用鐵鏃箭尾要齊齊處常

半破開寸許將翎夾入其翎用金竹或桂竹笋籜薄者一正一及為陰陽翎苗竹笋籜厚硬笠葉燋脆皆不堪用安翎後開處當用蘇紮其蘇雖用少倘大小弩發擊斷紮蘇箭尾開分兩半而止如臨敵此一箭有失悮再上弩再發箭遲悞失事不小矣慎之戒之故必要用好蘇緊紮如法不麁不細多纏二三迴為善如用烏羽為翎則用膠粘不必破開蘇紮矣如箭再彎又用火烘務調端直箭去不搖方有準弩之力約一百五六十觔竹箭重一

一或作二

錢二三分為率再加鐵頭重四分五分而止又加以藥約有一錢矣如過此規頭重尾輕則箭擺擺搖去之不遠且又不準難以殺敵若弩力三百觔則箭併頭又可加矣安鐵頭之法將削成竹箭頭再削去梢尖小些破四開約長寸許削去中心稜合則成一眼將箭頭挿入再用絲綿從頭薄纏緊際過破處五分將箭挿入藥壺內養藥入綿射中人身僅能拔出其箭幹頭在肉内不出矣綿上藥見血即散走封喉而斃

削弩箭歌訣

訣云若要親黄龍背上一條青箭頭三刀快箭尾一刀齊紮蔴須用小翎大箭行遲弦長分左右箭短有高低

弩箭圖

機鉤通長八分厚三分有零總高五分挂弦機口
濶二分深二分照門總高八分凹字口濶一分半
眼徑一分墊機通長一寸五分厚一分濶四分内
梢長五分厚高一分有零眼徑一分撥机長一寸
一分濶三分半厚一分有零二鍵長九分大小以
機眼爲則匣長二寸二分高七分濶四分有零如
不用匣安機處釘銅皮一塊如法制造雖有省費
猶恐有傷弩身

銅弩機散圖

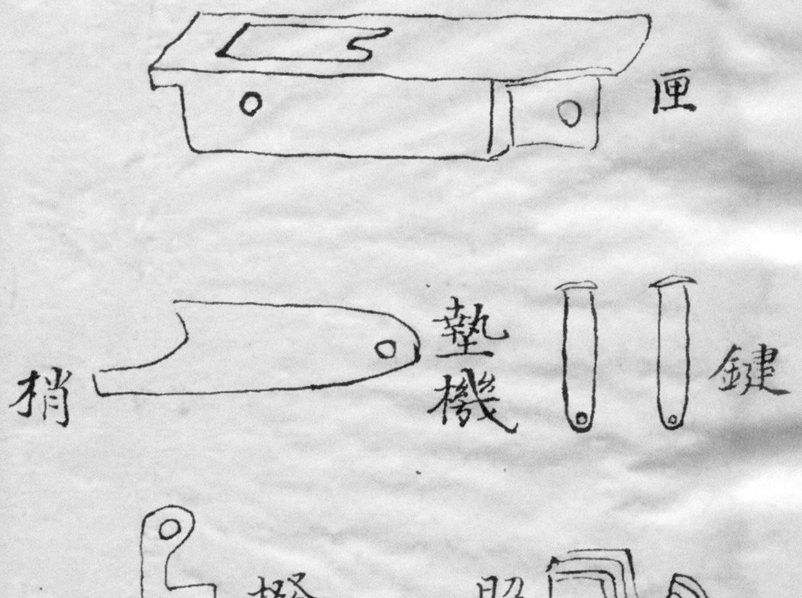

凡箭頭必要夾鋼打造如無鋼不能透堅中脊厚起一線直至尖上如平薄中脊不高起至尖一遇堅物其箭頭彎捲何能洞堅是無用之器也兩邊翅要利箭尾長寸許剉磨光淨淬堅再磨為美然兩翅又要濶狹得宜其箭幹要纏絲綿浸藥若箭頭狹小射人身上箭頭雖入肉因口小勒回纏綿則藥不得見血焉能致死故造箭頭要銳兩翅又要濶射入肉中則口濶得以帶綿而入無勒回之患使藥見血走而封喉以斃敵也

鐵箭頭圖

四鬚箭頭後有四鬚兩邊起深槽透堅無過于此但嫌重不能致遠只可用于腰開弩

此箭頭時製亦能洞堅

用錫打造將一面平扁拴帶貼身不滚走外邊一面飽員用木做蓋不致灰塵入内其造壺者汗錫處必用松香新壺可手鍋内用水久煮使去松香氣不致解了藥性

盛藥壺圖

做蓋用皂角樹

牌藝總說

夫衛鋒破陣必賴牌立陣前以蔽矢石所以捍外而衛內者也有長牌有挨牌有藤牌其用尤利以藤為之銃子雖不能革而矢石鎗力皆可蔽以代甲冑之用在南方田塍（音成）泥雨中頗稱極便其體須輕大堅密務使遮蔽一身上下四旁無所不備用牌之間復有所謂標者所以奪人之目而為我之疑兵所賴以勝人者也牌無標能禦而不能殺將欲進步然後起標（此即岳武穆旁

射法總論

〔明〕黄獻臣

射法總論

《射法總論》一卷，明黄獻臣輯，被收録在黄獻臣所輯《武經開宗》卷十中。《武經開宗》十卷，《中國兵書知見録》中國古籍善本書目》著録，主要版本有北京大學圖書館藏明崇禎九年（一六三六）刻本，日本寛文刻本，河南圖書館藏明崇禎刻本，美國哈佛大學圖書館、日本内閣文庫藏明崇禎刻本等。據日本内閣文庫藏本，此書卷首題：『曾一雲老師諱樱、徐玉林老師諱胤昇仝訂。莆田黄獻臣皇肱輯著。』黄獻臣，字皇肱，福建莆田人，生卒年不詳，著有《四書辟旦》。《武經開宗》首有曾樱序、目録、總論，内收《孫子》《吴子》《司馬法》《唐李問對》《尉繚子》《三略》《六韜》等歷代兵書，以及古今名將、弓馬陣法等共四集十卷。影印使用的底本是美國哈佛大學圖書館藏明崇禎刻本。

《射法總論》在第四集卷十《弓馬陣法》中，内容爲步射與騎射，共有二十四個部分，分别爲：審固第一、持滿第二、手法第三、足法第四、身法第五、眼法第六、握弓第七、搭箭第八、控弦第九、臨射第十、風候第十一、練習第十二、去病第十三、虚心第十四、涵養第十五、曠觀第十六、競業第十七、調弓第十八、調箭第十九、調弦第二十、騎射第二十一、馳驅第二十二、帶馬第二十三、調馬第二十四。這二十四個部分的内容鈔自王琚《射經》、趙光裕《馬射法步射法》、俞大猷《射法》、戚繼光《射法篇》、高穎《武經射學正宗》等。通覽全文，我們發現，《射法總論》主要是雜鈔流行各家之説而成，與《武經七書》類其他武闈讀本大同小异。

武經開宗
下
THE CHINESE-JAPANESE LIBRARY
OF THE HARVARD-YENCHING INSTITUTE
AT HARVARD UNIVERSITY
MAR 14 1960

武經闢宗

○俞通海　○康茂才　○張　輔　○劉　江　○山　雲
○王　驥　○于　謙　○郭　登　○余子俊　○韓　雍
○陶　曾　○馬文升　○楊一清　○王　瓊　○馬　昊
○周　金　○王守仁　○楊　銳　○仇　鉞　○沈希儀
○胡宗憲　○戚繼光　○俞大猷　○劉　顯　○劉　綎
○鄭芝龍

弓馬陳法卷之下

○射法捴論
○審固　○持滿　○手法　○足法　○身法
○眼法　○握弓　○搭箭　○控弦　○臨射

茲編博綜其槩約畧其旨間有傳所未載事與法合者備歷七書以資印証上下數千年方畧成法燦如列眉真允文允武萬邦爲憲者也

芙蓉館主人識

弓馬

射法總論

凡初學射必先學持滿須能制其弓定其體後乃射之然其的必始于一丈百發百中寸以加之漸至百步亦百發百中乃爲術成其法必量力調弓量弓制矢此至要也故荀子曰弓矢不調羿不能以命中弓矢既調無動容無作色和其形體調其氣息一其心志謂之楷式法曰怒氣開弓息氣放箭蓋怒氣開弓則力雄而引滿息氣放箭則心定而慮審又曰莫患弓軟服當自遠莫患力羸恒當引之彀曰恒引則將轉羸爲勁非真教人以羸力用軟弓而可及遠也大抵力勝其弓則容貌中和發無不中先近後遠此定法也然須學持滿射遠得到而後自近求

準非謂初開弓便止射二三十步起也既爲所局後安得遠此又不可不知

○○○審固第一

審固之法自開弓至發矢皆然但至持滿而將發最要倍加精神開弓時先以目視的而後引弓將發時以目稍自箭桿至鏃直達於的而大小東西了然是之謂審然把持不固不惟發矢無力或有打袖之病是以禮稱審固明乎審中有固固中有審二者相因而無先後也

此法不專在目力上著精神必內志正外体直心到意到目力一齊俱到而後精神不分把持得定始可與言審固今人皆以審的爲審不知審的爲審中一事而將發時更爲得力蓋弓滿之際精神易踈

手足易處者卒然而發則矢直不直中不中皆非繇我心使之必加審之使精神和易手足安固然後發矢方知其不直不中者爲何然太持久反至臂力耗竭發矢無力此又不可不知前手不固則打袖而矢去多搖後手不固則矢遲而不能及遠大都射之道不外巧力二者則學射之法亦不外審固二者既知操存涵養于未射之先豈復有臨時而失之者乎故凡中的之箭可取必者皆自從容閒暇中能必之未有忙忽而可取必者塲中則以從容審决爲主射賊則以敏捷神速爲主然從容中不可無敏捷敏捷中不可不從容此穿楊第一義也

○○○持滿第二

精神凝定乃可言持滿持滿之法根本全在前肩下捲前肩既下然後前臂及後肩臂一齊舉起與前肩平直如衡後手已盡更不能復來其鏃却到指上此便是發若肩臂未直鏃已上指亦未是發當更用長箭若臂肩已直後手已盡鏃未上指當用短箭只以鏃到爲期凡矢擺而弱皆因鏃不上指故曰鏃不上指必無中理指不知鏃同於無目（此指乃左手中指末知鏃者指末自知鏃到不假於目也必指末知鏃然後爲滿）羿之教人射必至於彀學者亦必至於彀洵射家要法

此法乃射之根本巧妙之所從出也發有二病一引弓將發時將箭鏃露半寸許於弓弝外臨發時急抽箭鏃至弓弝中間而出全是氣質用事急於求發激動箭鋒發矢不著名鹵莽發又有引弓迅速急

抽箭鏃至弓弝中間不及審的後手力量已竭臏氣俱虛不能少留發矢不準名氣虛發惟以骨節盡處爲發則長人用長箭短人用短箭力大用勁弓力小用軟弓矢鏃俱引至弓弝中間發矢方有定準又不可于引弓之初先將前手挺直後手又不能撒開以致撤至前膀下無可去處便以鏃上指爲至發又大不是者乃体勢朝後此是發弓之妙境不可不知也

○○○手法第三

欲學拚滿當明手法凡射前手如推泰山後手如握虎尾一拳主定前後直正慢開弓緊放箭務取水平前手撇後手絕法曰左手如拒右手如附右手發之左手不知乃穿七札然其法莫妙於用肩而勿用臂蓋

臂之力小而肩之力厚也。引弓既彀時筋力已竭。欲使兩臂分勻而開勢必不能惟肩力厚則能旋運而悠長故臂力將盡以肩力繼之前肩極力下捲。向前番下為捲後肩堅持瀉開則剛而能柔猛而能緩此手法也此法乃得心應手之妙其法須左手提起弓左臂與左肩皆轉向於前務令肩臂與身一直執弓碍腕直挺如拒牢不可動右手扯弦須傍耳邊扯來慎勿挾胸抹頸後手及右肩與前臂前肩一直如線見得弓滿又拳正對月中即着力絕手蓋當發矢之時兩手齊分前手撇後手絕不輕不重無先無後則矢疾而不偏一撇一絕正相應之妙一齊着力使肩臂轉伸合則箭疾而加於尋常數等試看中箭多在的之左者必前手用力之過中箭多在的之右者必後手用力之過故只要兩手齊分自然疾速適宜且不偏也然前手之分必自肩而臂而拳一齊進力始得若止用拳力則矢非大郎開矣又用力有先後有徵驗開弓之時前肩臂着力將滿之際前後肩臂齊力則肘前骨開背心肉緊若肘背無徵驗必肩臂未齊力也不可不審也

足法第四

手法既明乃可語足法凡射前腿似橛後腿似瘸隨箭跂移只在後脚左肩尖直對右脚尖丁字不成八字不就射右跂左射左跂右此足法也

此法乃射中中的之竅前脚要一直對把仍直挺勿曲後脚須不丁不八曲而向前盖惟後脚曲向于前則非但無突臂之病且又有擬

力不可不知也

身法第五

手足法明而後可言身法凡身顧惡傍引頸惡却垂胸惡前凸背惡後偃皆射之骨髓病也故身前竦爲猛虎方騰額前臨爲封兒欲鬭出弓梢爲懷中吐月平箭濶爲弦上懸衡此皆有威容之稱也

此法須明其忌而後儀容自善初學宜將弓每每空張併習容止俟空張既熟容止亦端乃可引弓若遽然引弓發矢則力不出心又亂諸病不可除然身勢大槩有二全身壁立引弓謂之大架人皆難之蹲足低腰引弓謂之小架人皆易之然場中亦各從其便耳惟射賊宜大架不宜小架蓋小架蹲足而射賊見而防我若大架全身壁立

引弓便發，賊不及知也。

眼法第六

手足身法既定，而後可以運吾精明。夫人一身精神皆萃于目，日所注，神必至焉；神至而四体百骸筋力精氣俱赴矣。故發矢時，目力必凝注一堤，精神聚而不分，則必到。意到、手到、發無不中矣。凡對賊對把，須站定觀把子或賊人，不可看扣。蓋目稍瞬，則不及避而制於人，此眼法也。

此法會全体之精神，而運審固之功夫。平時常要凝眸定目，先望五十步外，漸及百步外，以一物作準，看得其中紅紅白白，雖細微處亦若粗大。久之，精光凝聚，瞻視分明，臨射時自得天巧。發矢須知箭在弓右，視在弓左；箭在于手，視在于的。若視箭，則不中矣。故須兩眼凝

神看定把子紅月精神手法俱向此一塊而發古云諦的如佻者此也

握弓第七

渾身之法既明而握弓不可無法凡握弓弓弝上段當留六七分通矢即以掌心頂弝猶如握卵不可横弝若横弝則指不着力須第三四五指緊緊弩弝大指悉力追進壓着中指平而承鏃此至妙古法第二指竪起指尖點在弝箭之上不可伸出蓋食指尖點弝亦有挾助之力而不伸出斯無碍箭之病則和美有觳而後快也

此法亦固中之一事大指食指中間叉口爲虎口手掌與中指無名指對直爲掌根若握時掌心一窪虎口必仰矢出揷天而大矣惟以

小指對直處為掌根此處一定虎口便不能仰必然直叉而出矢方穩此名大鷹爪若前拳五指俱握緊則用力太過必撇出而矢偏左恐其偏左而不敢撇則出無勢而又偏右雖合法發矢一偏而法不驗矣皆握之一字失也可不辨與凡弓梢直上謂之竪弓横平而射謂之横弓要不若弓梢向前畧斜不平不竪如斜月之狀為妙

搭箭第八

既已握弓而搭箭不可無法凡搭箭先看矢翎在上仰入扣須前手高後手四五分蓋前高後低則發矢方得如水之平然亦須人力之強弱何如力強自能遠到後手宜高若力弱而後高則矢不勁此宜自家時時酌量

凡箭去寧高而過的愼勿低而不及此人人通病須記之

控弦第九

旣明搭箭而控弦不可無法凡控弦有二法無名指疊小指中指壓大指食指當弦並豎倚矢中國法也屈大指以食指壓勾指此胡法也此外皆不入術胡法力少利馬上漢法力多利步用然其妙特在食指間世人皆以其指末齪弦則罥箭曲又傷羽但令指面隨弦並豎仰腕而易中其致遠乃過常數十步古人以爲神而秘之胡法不使大指過食指亦爲妙爾今多用大指鉤弦將食指鉤大指然食指鉤須並向於下若橫斜則致鈎推而發矢偏于把右矣食指內節一並傍矢不可太逼蓋惟傍矢則矢不趨地而不太逼則矢不曲向於弦耳挽弓之時須遲

右手無名小指爬入掌心。及臨發之時。五指著力齊放。反掌向右。則腕而易中。其至常過常。若爬之不力。則發亦無力也。

單搭只用食指鞴弦。而力小。雙搭用食指中指鞴弦。則力大。力大愈於力小明矣。世多用單搭者。以單搭發矢鬆。而雙搭差鈍耳。蓋使雙搭只用中指第一節之半。搭在大指。而食指仍用單搭法。脫弦時中指用弦決極力收緊。而大指食指盡力開。則得勢而脫弦鬆脆。與單搭無異。且控弦有力。而開時不犯雙搭之遲鈍。則雙搭賢于單搭遠矣。

凡箭頭擺。亦是右手大食指扣弦太緊之故。其扣弦太緊之故。是無名小指鬆開之故。學射者有此病。射時用小草稍一寸。用無名小指共恰於手心。箭去而草不墜。即箭不搖擺矣。

臨射第十

諸法既備若臨射時始擬身如何手如何足如何目如何已不勝手忙腳亂矣斯時手足臂目各要定位如以的爲主前拳對的目在拳之上的之下前臂在日之下前足在拳之下箭在頦之下後手在右乳之前若繩之直爲可也

射時雖要遍身着力卻無着力形狀不順引不頭歪不咬牙不傾背不斜眼切視不動容作色不矯手頓足不搖擺輕跳斯盡法之妙矣

風候第十一

臨射又當審風候凡射遇左風即迎左而射遇右風即迎右而射此法固然要之一遇有風前手極力一撇後手極力一絕則矢之去也實而

弃虛雖有風不能動矢其爲風飄去者特矢虛耳然則因風而迎左迎右不若因風而力撇爲絕手也

凡臨場演射一遇風塵四起矢不免有左右大小之偏夫風有大小又有四方之殊氣有燥濕亦有四時之別夫射而止于數十步之內弓矢勁銳風氣不能奪郎不辨可也若四十步之外射漸遠則矢力漸弱大小左右皆爲風氣所使此而不辨發矢皆偏矣大抵春氣多濕夏氣多炎秋氣多燥冬氣多冽氣濕則風和氣燥則風勁此其大槩也然而四時之中又有寒熱不常則就一時之中亦有燥濕炎冽之氣風亦隨之以變矣燥冽之風勁矢遇之而多偏炎濕之風和矢遇之而步偏且風勁則弓亦勁發矢常遠風和則弓力弱發矢常近

故善射者將發矢必先辨風候東風則發矢宜傾的之左西風則發矢宜傾的之右對面風則發矢宜傾的之首背後風則發矢宜傾的之足而傾之多寡一因弓力之發強弱不齊與風候燥濕炎冽大小之不同而爲之參酌變通之存乎其人不可執一故曰運用之妙存乎心

練習第十二

臨射只須再一簡點而未射當有練習之功學者將欲引弓須先操練手臂時常對柱挺直使之堅固以左手托在柱上與肩齊以後肩聳起與前拳齊令一人從旁將前肩向前下捲俟其酸痛既定大約一月之後方可以軟竹弓托在柱上後手提高引開俟前肩下得極熟方可搭

箭穿引彀法既合骨節平直終日習射不勞於力既彀之時自能堅持不動遲速操縱無不如意大抵前肩從下捲前拳達上力從前拳而直後肘從高瀉下力從後拳而開此時光景勢如常山之蛇盤旋而引矢鏃浸進毫無阻礙前後手均勻兩開此等工夫全在藁秸上演習乃得入此妙境若演習未熟遽往即射精神外鶩惟求中的何暇深求其法則百病前生而不自知矣

初射之人骨節俱僵欲下前肩已極費力若用力彀勁弓必無力下前肩前肩未下骨節俱虛引弓安得不攛發矢安能有準蓋前後手為勁弓所制也故初射藁秸只用鋪筋軟竹弓約三十餘斤百日後射法漸熟弓漸勁日增倍之俟前肩熟習之後骨節自直直則生力

熟則生勢雖無力之人可發勁弓況強有力者乎此行遠自邇之理學法而射者得益甚捷射藁砧者一日可發數百矢在家射藁砧一日可當外射十日之功是以學法而射藁砧者合法愈熟去病愈速不一月而法機熟入門從端將來漸入巧妙皆基于此是以虛心好學之人雖天資敏妙不敢私心自用必以審固諸法用嚴謹心行任坐卧宛然心目而後對藁砧端立搭箭引弓不發必極于彀熟視藁砧心一塊步頃弛弓一日之間如此數百次須十餘日肩掌臂俱練得極熟巧妙自生隨手可以命中

外射之法始初不用大的只用大竹楷一根長七尺用尺布為旗以為的匕小則求中之心眼精神常聚于手審固諸法可以潛心體察

矣。察之而法漸合，病漸去，久之而法熟，機生，隨手迸發，皆中規矩。小的可中，況大的乎。射法既熟之後，用的又宜合式，濶六尺，高八尺爲準，不可過小。若常用小的，場中忽見大的，必以爲近而忽之，視遠若近，發矢必小。故平常用的以合式爲要。

○○○去病第十三

未射既有練習之功，則既射當有去病之法。凡射肩聳而骨節不直，一病也。犯此病者，引弓必漸不滿，引弓一拽即彀，一彀即脱，發矢順利而卿勒不淸，二病也。犯此病者，雖滿而難舍，舍矢甚易而神不注，三病也。犯此病者，矢大小不準，發矢後須觀其落頭何如，或中或不中，或大或小，或開左或開右。其大也，得無所主太高乎，搭矢太平乎。其小也，得無矢不滿乎前後手欠力乎或搭矢太高乎其開左開右也得無所主欠中乎前手搖動乎後手食指鈎弦乎或左風右風乎或右脚過左過右乎識出一病即改除一病一一處既除則好處自生

射之巧至微而至精發于心而應于手胸中少有所惑則心無主而神搖氣餒而机沮必須亦之早而去之盡思今日增何法去何病明日更當進何法去何病寸累銖積精進之功與日相習玆久機神自暢巧妙之來發于骨髓勿助勿忘手舞足蹈隨意所之無不中矩機巧自生而命中之技在是矣

虛心第十四

欲求去病必先虛心凡初學之士必親就熟閑之人於其所言諸訣一

一聽審而觀法之信之既篤方得入門之竅然胸中雖已了然而身之形跡狀貌手之合法與否己不得見也故得法之射必資二三同志更相鑑戒見己之所不見言己之所不知乃可去病而合法也亦須虛心詢問時爲体認方可領其益若少有自足之色則患之不聞終不能深造自得而成善射之技也

虛心之法最爲喫緊早夜每自思忖思己之得處思己之失處又思人之得處而學于己思人之失處而改于己況潛反覆精思妙悟則自然得心應手

涵養第十五

既能虛心則必有涵養射之一技根於盡性其舉止動溫張弛發縱之

梲緘實一身精神心術之所著也故貴于養養在養其膽〻者勇之次也膽不足則神寒居閑且倭當局必靡膽壯之人果而銳徙而能久百折不能移奇險不能惕會何利害之足以動心又在養其氣〻者難持之物也盈則驕餒則怯驕者神奮而踈怯者神短而懼踈者僨矢冬大而無當懼者多小而偏斜此善養者貴和平而不撓也夫度量之弘也胆勇之壯也氣局之和平也皆射之所托以行其巧妙者也舍此三者而徒言法〻豈爲其所用哉

曠觀第十六

既有涵養則必有曠觀大凡得失之地莫如應試死傷之地莫如臨敵人惟識見未充當功名之場便營得失臨戰鬬之際便憂死生得失死

生之念薰灼于心，不覺神驚氣奪，何暇操弓審固乎？若識見遠到之人，謂功名富貴過眼浮雲，唐虞揖讓祗同杯酒，湯武征誅猶棋一局，況藐小功名，又何得失之足介意乎？至于臨敵遇變，益不足慮。古人謀定而戰，決機雖在臨事，勝權握于事先。故曰勝兵先勝而後求戰，又何死生之足驚心乎。

兢業第十七

曠觀者雖不以得失累其心，原不以惰慢懈其意。故凡射須要業業恐不中，決不可有一毫自放之意。雖在場中，要如無監射各官在上，卻如平日自射一般，慢慢一枝審過一枝，如何不中？雖至五矢猶未中的，更要從容審固，決不可因不中而自怯，若怯則更無中理。

凡氣驕志惰心神恍惚射多力疲見病不改好勝心甚怯懦心生及生弓生矢與夫弓強矢輕弓弱矢重皆不可必中故須打整精神調和弓矢

調弓第十八

百法備矣罷其不可不調故一在調弓弓之長短不齊則力量亦因之而異長弓之力量長故能彀長箭短弓之力量短只能彀短箭不可紊亂如使長弓而用短箭匕已彀而弓力量未彀如此遠發矢則不能及遠且弦口鬆箭發亦不準短弓用長箭則箭未彀弓之力量先彀若復過引不惟弓之筋角易斷且肩臂骨節爲弓所局不能展舒其巧發矢焉能如意是以人長則臂長而弓矢之長亦稱之人短則臂短而弓矢

之短亦稱之此爲定論

凡臂力多者能引勁弓大率弓以百斤爲準空引能彀百斤者射時只用五十斤大約用力十分之五不過竭其力寧過于軟過勁則非矣蓋用弓過勁則筋力爲弓所束縛安能展射法之巧妙哉

稱弓法以弓置地上以足踹定弓弝于地將箭鏃頂在弓弝上以秤鈎弦秤起弦至箭根齊方可言彀而知弓之重輕

調箭第十九

弓調又須調箭箭之長短宜隨臂之骨節故臂長矢亦長臂短矢亦短以骨節爲度此不易之定理引弓必令前後肩臂平直如衡後肘平偪向後垂下大約後手指梲與後耳齊如向南射之人彀弓時体勢反覺

向西北則發法方爲極致骨節旣定則箭之長短亦因之以定安可妄用

夫弓矢相配如權衡然不可分毫過差夫約弓力重十斤者用箭一錢二分百斤之弓箭可重一兩二錢弓重至百斤箭重至一兩二錢者猶可復重弓弱至三十斤箭輕至三錢六分者弓弱已甚不可復減箭亦不可復輕蓋弓過弱矢不能及的箭過輕發必不準以箭輕桿軟發出必搖矢不能勝弓之遺耳此弓箭輕重定法也

量箭將左臂及左手中指俱向左伸直須以箭鏃頂在左肩下膀骨上量至左手中指頂止指頂外又加小尺二寸五分是爲箭之定式

長短人各隨其臂指爲量此一定之理凡弓箭俱要烘焙得法安置

平正。

調弦第二十

弓箭調又須調弦，弦之長短，隨弓体式。弓長則弦宜離弓弝七寸許；弓短則弦宜離弓弝六寸五分。弦長則口鬆，弦口鬆則發矢時振蕩不定，矢發不準。

騎射第二十一

騎射雖不比步射之遠，即近至尋丈，亦須開弓至十分滿，與步射同，方可命中。馬箭比步箭應長半寸許，射時極力弜滿，鏃猶在弓弝外半寸，則開弓時方敢放胆控弦，無不彀之患也。上馬即將矢扣弦，待馬上路，即便按轡捉矢，聚精會神，勢如追風，目如流電，滿開弓，悪放箭，目不瞬

卷十　弓馬十四

氣不息出弓如懍中吐月平箭如弦上懸衡只是對蹬而發無有不中搭箭時目止視的不可看手只信手搭之然須平射太高則不中大低則着地且射低而中又恐激起致傷頭目及三把俱完即執韁揚鞭以示威儀且主司間有初把分鬃中把對蹬末把抹鞦之法亦宜平日預習之然場屋中馬弓比步弓宜稍軟若射賊則只用步弓便了且射賊須待至三四十步方可發矢若遠亦難中亦難殺人也其箭俱勿日卸以防應對失誤亦勿揷衣領及腰間以致取用不便場屋中把箭以三矢爲率須預將二矢連弓弛弩之一矢先掛弦中爲便對賊則用箭袋多盛于鞍頭可也

○○○馳驅第二十二

騎射之法旣明又須善於馳驅馳驅之法宜踞坐不宜站坐蓋踞坐則穩站坐則虛矣須以兩膝將鞍頭夾緊或兩足緊夾馬腹下則穩而無誤若以兩足將蹬踏緊一誤便敗矣宜以身撲向于前不宜直挺在上蓋向前則不爲風勢所凌若直挺則爲風所裝而力不便矣又宜左身左足向前不宜平身平足蓋左身左足向前則運用得勢而平身平足則不活動矣

〇〇〇帶馬第二十三

馳驅旣善而帶馬亦馳驅中之一法凡上馬正坐將韁繩整頓兩股均勻當中挽結穿在右手大臂上切勿傷長病短係手腕弦只帶得馬頭畧起爲度馬頭一起蹄步稍緩凡發射時衆人皆見有善馬之能而不

知有帶馬之妙。

調馬第二十四

馬射比步射稍易但要居常調習馬耳須平日飼養時其馳逐閑其進止先慢行次緊行觸物不驚馳道不側人馬相親然後可使前兩足從耳齊出後兩足向前倍之則疾且穩而人可用罷矣故馬者戰陣人命所寄也胡馬慣戰數倍中國豈特風氣使然亦居常調度之功也